Blithe and Braw

Nostalgic and Neglected Scots Poems

D1435161

First published 2001 by

SCOTTISH CULTURAL PRESS

Unit 13d, Newbattle Abbey Business Annexe
Newbattle Road, DALKEITH EH22 3LJ Scotland
Tel: 0131 660 6366 • Fax: 0131 660 4757
Email: info@scottishbooks.com

website: www.scottishbooks.com

BRITISH LIBRARY CATALOGUING IN PUBLICATION DATA
A catalogue record for this book is available from the British Library

ISBN: 1 898218 25 0

Printed and bound by First Impression, Edinburgh

Blithe and Braw

Nostalgic and Neglected Scots Poems

Collected by Anne Forsyth

SCOTTISH CULTURAL PRESS

A Companion Book

Canty and Couthie: Familiar and Forgotten Scots Poems

also edited by Anne Forsyth, is available

Also by the same author

Children's Books

Aiken Drum, A Story in Scots for Younger Readers
Kitty Bairdie, A Story in Scots for Younger Readers
Rashiecoat, the Story of Cinderella told in Scots

Contents

Introduction

Since the publication of my last anthology, *Canty and Couthie*, I have been delighted to find how many people share my enjoyment of old Scots recitations – and a number have written to tell me of their favourite poems. I am glad to discover, too, that reciting in public is not a thing of the past. It is good to know that teachers are encouraging children to learn Scots poems, such as 'The Sair Finger' by Walter Wingate and 'The Boy in the Train' by Mrs M. C. Smith (included in *Canty and Couthie*).

Here is another collection of old and new Scots poems – poems to read, to recite; some that may raise a nostalgic smile.

This anthology includes poems that are a record of social change. For example, John P. Fergus's 'The Yairds', written in 1924, gives a vivid picture of the Clyde shipyards at that time; W. D. Cocker's 'The Plooman's Lament', describes the days when ploughmen were fee'd to a farmer; and Charles Murray's 'The Packman' depicts the travelling salesman who was a well-known figure in the countryside.

There are poems of childhood; poems of the countryside; some that reflect a stoical philosophy; others which tell a wryly comical story. The collection spans the years from pre-World War I to the present day, and I am pleased to include some poems which have never before appeared in an anthology.

Generally, these are 'poems for pleasure'. Compiling this anthology has been a happy and absorbing task, and I am grateful to those fellow enthusiasts who have shared their own favourite verses with me, or helped in tracing some forgotten poems.

Anne Forsyth

Acknowledgements

The editor and publishers acknowledge, with thanks, permission to use the following copyright material:

Brown, Son & Ferguson for: 'Contentment', 'The Snail and the Craw', 'Martha' and 'A Plooman's Lament' by W. D. Cocker; Mrs Margaret Duncan for 'The Proposal', 'O Lord look doon on Buchan', and 'O for Friday Nicht!' by John C. Milne; Mrs Molly Gordon for 'Wee Jaikie's Sang' by Donald Gordon; Mr Douglas Kynoch for 'John Macpherson's Sunday Suit'; The Trustees of the National Library of Scotland for 'Aince upon a Day' by William Soutar; Mr A. C. Hunter for 'Background' and 'Rab in the Field' by Helen B. Cruickshank; and the Trustees of The Charles Murray Memorial Fund for 'The Packman' and 'The Tinkler'.

Every effort has been made to trace copyright holders. If any acknowledgements have been omitted, the editor and publishers will be glad to put this right at the first opportunity.

The Bairns

Willie Winkie

Wee Willie Winkie rins through the toun,
Up stairs and doon stairs in his nicht-goun,
Tirlin' at the window, cryin' at the lock,
'Are the weans in their bed, for it's noo ten o'clock?'

'Hey, Willie Winkie, are ye comin' ben?
The cat's singin' grey thrums to the sleepin' hen,
The dog's spelder'd on the floor, and disna gi'e a cheep,
But here's a waukrife laddie that winna fa' asleep!'

Onything but sleep, you rogue! glow'ring like the mune,
Rattlin' in an airn jug wi' an airn spune,
Rumblin', tumblin' round about, crawin' like a cock,
Skirlin' like a kenna-what, wauk'nin' sleepin' fock.

'Hey, Willie Winkie – the wean's in a creel!
Wambling aff a bodie's knee like a verra eel,
Ruggin' at the cat's lug, and ravelin' a' her thrums –
Hey, Willie Winkie – see, there he comes!'

Wearit is the mither that has a stoorie wean,
A wee stumpie stoussie, that canna rin his lane,
That has a battle aye wi' sleep before he'll close an ee –
But a kiss frae aff his rosy lips gies strength anew to me.

William Miller

Babbity Bowster

Wha learned you to dance,
Babbity Bowster, Babbity Bowster?
Wha learned you to dance,
Babbity Bowster, brawly?

My minny learned me to dance,
Babbity Bowster, Babbity Bowster,
My minny learned me to dance,
Babbity Bowster, brawly.

Wha gae you the keys to keep,
Babbity Bowster, Babbity Bowster?
Wha gae you the keys to keep,
Babbity Bowster, brawly?

My minny gae me the keys to keep,
Babbity Bowster, Babbity Bowster,
My minny gae me the keys to keep,
Babbity Bowster, brawly.

ANON

The Drunkard's Raggit Wean

A wee bit raggit laddie gangs wan'rin' through the street,
Wadin' 'mang the snaw wi' his wee hackit feet,
Shiverin' i' the cauld blast, greetin' wi' the pain –
Wha's the puir wee callan'? He's a drunkard's raggit wean.

He stan's at ilka door, an' keeks wi' wistfu' e'e
To see the crowd aroun' the fire a' laughin' loud wi' glee;
But he daurna venture ben, though his heart be e'er sae fain,
For he mauna play wi' ither bairns, the drunkard's raggit wean.

Oh, see the wee bit bairnie, his heart is unco fu',
The sleet is blawin' cauld, an' he's droukit through an' through;
He's spierin' for his mither, an' he won'ers whaur she's gane:
But oh! his mither, she forgets her puir wee raggit wean.

He kens nae faither's love, an' he kens nae mither's care,
To soothe his wee bit sorrows, or kaim his tautit hair,
To kiss him when he waukens, or smooth his bed at e'en;
An' oh! he fears his faither's face, the drunkard's raggit wean.

Oh, pity the wee laddie, sae guileless an' sae young!
The oath that lea's the faither's lips'll settle on his tongue,
An' sinfu' words his mither speaks his infant lips'll stain;
For oh! there's nane to guide the bairn, the drunkard's raggit
    wean.

Then surely we might try an' turn that sinfu' mither's heart,
An' try to get his faither to act a faither's part,
An' mak them lea' the drunkard's cup, an' never taste again,
An' cherish wi' a parent's care their puir wee raggit wean.

JAMES P. CRAWFORD

The Maister and the Bairns

The Maister sat in the wee cot hoose
By the Jordan's waters near,
An' the fisherfolk crushed an' crooded roon'
The Maister's words tae hear.

An' even the bairns frae the near-haun streets
Were mixin' in wi' the thrang,
Laddies an' lassies wi' wee bare feet
Jinkin' the crood amang.

But yin o' the twal' at the Maister's side
Rose up and cried alood:
'Come, come, bairns, this is nae place for you,
Rin awa' hame oot the crood.'

But the Maister said as they turned awa',
'Let the wee yins come tae Me',
An' he gaithered them roon' Him whaur He sat
An' lifted yin up on His knee.

Aye, He gaithered them roon' Him whaur He sat
An' straiked their curly hair,
An' He said tae the wonderin' fisherfolk
That crushed an' crooded there:

'Send na the bairns awa' frae Me
But raither this lesson lairn:
That nane'll win in at Heaven's yett
That hisna the hert o' a bairn.'

An' He that wisna oor kith or kin
But a Prince o' the Far Awa',
He gaithered the wee yins in His airms
An' blessed them yin an' a'.

WILLIAM THOMSON

Christmas Carol

'Twas a cauld, cauld nicht i' the back o' the year;
The snaw lay deep, and the starns shone clear;
And Mary kent that her time was near,
As she cam to Bethlehem.
When Joseph saw the toon sae thrang,
Quo' he: 'I houp I be na wrang,
But I'm thinkin' we'll find a place ere lang;'
But there wasna nae room for them.

She quo', quo' she: 'O Joseph loon,
Rale tired am I, and wad fain lie doon.
Is there no a bed in the hail o' the toon?
For farrer I canna gae.'
At the ale-hoose door she keekit ben,
But there was sic a steer o' fremmyt men,
She thocht till hirsel': 'I dinna ken
What me and my man can dae.'

And syne she spak: 'We'll hae to lie
I' the byre this nicht amang the kye
And the cattle beas', for a body maun try
To thole what needs maun be.'
And there amang the strae and the corn,
While the owsen mooed, her bairnie was born.
O, wasna that a maist joyous morn
For sinners like you and me?

For the bairn that was born that nicht i' the sta'
Cam doon frae Heaven to tak awa'
Oor fecklessness, and bring us a'
Safe hame in the hender-en'.
Lord, at this Yule-tide send us licht,
Hae mercy on us and herd us richt.
For the sake o' the bairnie born that nicht,
O, mak us better men!

ALEXANDER GRAY

The Herd's House

The wee herd laddie has biggit a house —
He's biggit it a' his lane;
And there he can lie and watch his kye,
And fear na win' nor rain.

He has pickit the place wi' a skeely thocht —
On a knowe at the end o' the bicht;
And the door looks east, where the win' blaws least,
And his chairge are a' in sicht.

Its twa-foot wa's are o' tide-mark stanes
That the waves hae masoned roun';
And ilka bit chink, where the day micht blink,
Wi' fog he has oakumed soun'.

It's roofed and theekit — a tradesman's job!
The rafters are runts o' whin,
Wi' bracken and heather weel soddit thegither,
And wechtin' stanes abune.

There's an ingle neuk at the benmaist en',
And the lum was a pail in its day;
And out at the back there's a wee peat stack,
As a bien bit hoose sud hae.

He'll fen' for himsel', a laddie like yon;
And lang may he leeve to tell —
When he's feathered his nest, and come hame for a rest —
O' the hoose he biggit himsel'!

WALTER WINGATE

A Scots Dominie

White clouds are lilting like a sang
Athort the lift; their shedows gang
Jinking among the hills, where lang
The snawdrifts lay;
For sun and wind are thick and thrang
This April day.

Blithe birls the laverock up the blue;
Gropes the green bud where cranreuch grew;
Dreich was the darg that Winter knew
But here comes Spring,
To set the tune, to start anew
God's jingo-ring!

Faith! but my heels keep dirling sair
To dance – as noo I'll dance nae mair;
Fain would I speel yon hillsides where
The peasweeps call –
An auld man in a gairden-chair
Row'd in a shawl!

An auld man; but when ploys are set,
And Spring comes whistling at the yett,
A laddie still; fain to forget
My age, my ills;
Fain to gang linking without let
Ower Ochil hills!

For Ochil glens lie lown and green,
For Ochil burns rin saft and sheen;
Though sma' the troot, though soor the gean,
Though daft the ploys,
The auld hills call with voices keen,
Wakening auld joys.

Scholar and Maister, soon and late,
In summer drouth, in winter spate,
The auld hills saw me tak' the gate
With rod and line;
A likely day for flee or bait –
That day was mine.

When lang the road, when dark the nicht,
When snell the wind at morning licht,
It's me was then the dowie wicht
Dour hills amang;
Till Devon glinted clear in sicht –
Then the warld sang!

For ower Bencleuch, in crimson lowe,
The sun upsprang; on hicht and howe
I saw the Lord's ain morning grow
Fair, fair atweel;
But best to me the burnie's rowe
And the birled reel!

Oh, bygane joy! Oh, present dool!
Since Maisters daurna play the fool,
Since laddies daurna plunk the school
As aince they daured!
The School-Brod, and the School-Brod's rule
Have them weel scaured!

Through standards, as 'tween granite stanes,
They birl the puir bit shilpit weans;
The maister, like a slave in chains,
Noo plays the miller,
Grinding the grants frae hearts and brains
In blood-red siller.

And he is praised wha quickest crams
Wha's clesses are the biggest shams,
Wha's dunces nae inspector damns;
But he an ass is
Wha scorns to fyke with quirk exams,
Or fish for passes!

Lord! Lord! that I should live to learn
That schools, like grocers' shops, maun earn
Profit, in cash, for ilk bit bairn!
A beggar's dole,
For which, bethankit, never airn
Entered my soul.

Nae School-Brod member gowled at me
As though I were a mouse, and he
Almighty God; for such men be, –
I've heard them yammer;
Grocers in soul, their tongues are free
Of grace or grammar!

Nae Brod for me; yon lads o' mine
(It's ten lang weary years since syne)
Were no' the kind o' lads to shine
At pass or grant;
But faith! I taught them, line on line,
All that they want.

The carritch and the auld best Book;
Writing, and hoo to busk a hook;
The names of flowers; the way to dook
The airt of reading;
Latin; and where the canny nook
When fish are feeding!

My laddies focht; I liked a fecht,
When all was equal hicht and wecht;
There mony a twa that banged and pecht
And then shook hands,
Learned a stout trick that keeps them strecht
In far, far lands.

Sic laddies send me scrape o' the pen
And queer nick-nackets, noo and then;
Good lads! they're keen to let me ken
Amang the rest o't,
That I'm the man that made them men, –
And that's the best o't.

Ay! that's the thocht that mak's the tune
Yon laverock sings a heartsome boon,
As here I sit, an auld grey loon
Row'd in a shawl,
Waiting till all Earth's sangs sink doon,
Waiting His call!

HAMISH HENDRY

Aince upon a Day

Aince upon a day my mither said to me:
Dinna cleip and dinna rype
And dinna tell a lee.
For gin ye cleip a craw will name ye,
And gin ye rype a daw will shame ye;
And a snail will heeze its hornies out
And hike them round and round about
Gin ye tell a lee.

Aince upon a day, as I walkit a' my lane.
I met a daw, and monie a craw,
And a snail upon a stane.
Up gaed the daw and didna shame me:
Up gaed aed ilk craw and didna name me:
But the wee snail heez'd its hornies out
And hik'd them round and round about
And – goggl'd at me.

WILLIAM SOUTAR

O for Friday Nicht!

O for Friday nicht!
Friday – hame and hummin!
O for Friday nicht!
Friday's lang o' comin!

Noo lat's hae Geography!
Fut's the toun for jute?
Sit at peace, Jemima!
Kirsty, dry yer snoot!
Hey there, Wullie Wabster!
Stop powkin in yer breist!
Fut? a horny-golloch!
Gweed be here, fut neist!

Faur's the Granite City?
Weel, Georgina Broon?
Glesga? Haud yer weesht, quine!
Glesga's just a toun!
Buckie? Hoots an' havers!
The Broch? Preserve us a'!
Hey there, Geordie Gammie!
Pit that preen awa!

O for Friday nicht!
Friday – hame and hummin!
O for Friday nicht!
Friday's lang o' comin!

Noo lat's hear yer spellin's!
Fut? Ye got nane oot!
A'richt – Nature Study!
Fut gars tatties sproot?
Heat and moisture – fairly!
Fut mair, Wullie Gurk?
Fairmers! Gweed preserve's man!
Fairmers dinna work!

Dod, tak' in the bottles!
Fa wants milk the day?

Gweed be here, fut's wrang, Jock?
Needin anither strae?
No! Weel, man, fut gars ye
Stan' there and goup and glower?
Twa deid fleas in yer bottle!
Be thankfu' there's nae fower!

O for Friday nicht!
Friday – hame and hummin!
O for Friday nicht!
Friday's lang o' comin!

Fa wid like some singin?
A'richt, sough awa!
'The Smith's a Gallant Fireman'
Or 'Charlie's Noo Awa'.
Sing oot, Susie Simmers!
Rax yer mim-like mou!
Megstie me, Jean Tulloch!
Ye're lowein like a coo!

Noo for Table Mainners!
Specially you, Jock Broon!
Dyod, man, fin ye're suppin,
Sic a slubberin soun'!
And you Bell Bowie Baxter!
As far's ye're mebbe able
Try and haud yer elbucks
And spleeters aff the table!

O for Friday nicht!
Friday – hame and hummin!
O for Friday nicht!
Friday's lang o' comin!

Noo tak' oot yer pencils!
Draw – the Aul' Kirk spire!
Fut's that, Jock? Ye're wantin
Te draw the skweel on fire!
A'richt, fire aheid then!
Gar the biggin bleeze!

Gweed be here, Jean Gordon!
Fut gars ye scratch yer knees?

Dyod, faur's Meggie Mitchell?
Doon aneth her seat?
Tint her sweetie boolie?
Jock, haud in yer feet!
Hing in noo, Jean Calder!
You tee, Muggsie Wugs!
Loshtie me, Bill Boddie!
Fan did ye wash yer lugs?

　　O for Friday nicht!
　　Friday – hame and hummin!
　　O for Friday nicht!
　　Friday's lang o' comin!

Govie Dick – the Register!
Fa's nae here the day?
Jackie Todd – the nickum!
Granny's washin day!
Jeannie – German measles!
Tammas – twa blin' lumps!
Jamie Tough? Fut's that, Jean?
His mither's takin mumps?

Noo the aucht times table!
Weel dane, Wullie Flett!
Man, ye'll be Director
O' the coonty yet!
Fut's that? No ye wunna!
Weel, weel, please yersel'!
Dyod, it's time for lowsin!
Wullie, ring the bell!

Geordie, shak' the duster!
Jean, pit past the chack!
Fut's that, Wullie Wabster?
A wyver on my back!
Jack, the aspidistra!
Tak' it te the sink!

Canny wi't, ye gomeril!
It's aul'er then ye think!

Noo, a word o' warnin
Afore ye tak' the road!
There's twa Inspectors comin —
Haud yer tongue, Jock Todd!
Twa Inspectors comin
Te — fut's adee, Jean Squairs?
Yer mither's mebbe comin?
Wha the deevil cares!

O for Friday nicht!
Friday — hame and hummin!
O for Friday nicht!
It's been gey lang o' comin!

JOHN C. MILNE

Wee Jaikie's Sang

Strippit ba's is hard tae bate,
Strippit ba's is really dandy.
Strippit ba's is simply great,
Better nor yir common candy.

Chocolate bars will melt awa,
Like the snowflakes i' the river.
Jericho will surely fa:
Strippit ba's gie lasting pleasure.

Tweedledum and tweedledee,
Tap o Noth and tapsalteerie!
Fan aa ither comforts flee,
Strippit ba's will keep ye cheery.

Babylon is blawn awa,
Egypt's host is sairly drookit!
Ither sweeties ye can chaw,
Strippit ba's maun aye be sookit.

London brig is tummel't doon,
Glesca's coupit i' the river.
Embro's shoogly i' the foun:
Strippit ba's will last for ivver.

DONALD GORDON

Hipperty Skipperty

Hipperty Skipperty,
Sadie McGraw
Wis dressed for the Sabbath
Sae trig an' sae braw.

Sadie McGraw wis
Sae snod an' sae trig.
Stopped tae play peevers
An' jinkie an' tig.

Hipperty Skipperty,
Fliskmahoy!
Sadie is ivver
A lass for a ploy.

At loupin' the cuddie
An' catchin' a ba'
Sadie is certie
The best o' them a'.

But eh! she is ramstam.
She loupit ower faur.
She tripped an' she tummelt
An' fell i' the glaur.

Hipperty Skipperty,
Wait till her maw
Sees whit a sicht
Is pair Sadie McGraw.

ANON

Contentment

The hoose is a' quate, an' the weans are in bed;
Jean sits by the fire wi' her needle an' thread;
Sae thrang wi' her thim'le that seldom she speaks;
She's patchin' a hole in oor wee Bobbie's breeks.

An' as she sits shooin' she gies a bit smile;
'What's this in his pooches?' she says in a while.
'Juist rype them an' see, lass,' says I, for a splore.
An' oot on the table comes wee Bobbie's store.

A fankled bit string, then a plunker an' glassie;
Wi' ane or twa bools an' the heid o' a brassie;
The warks o' a watch that had gane tapselteerie,
A pirn he had whittled to mak' him a peerie;

A wee tait o' putty, a sooker, a sling,
A knife wi'oot blades, an' a puckle mair string,
A wee bit slate pencil, an', oh! the sly loon,
The crust o' a piece that was hard tae get doon.

We pit them a' back, an' I lauch to his mither:
'What's treasure to ane may be trash to anither.
An' to us the possessions the pridefu' man seeks
Are like trash in the pooches o' wee Bobbie's breeks.'

W. D. COCKER

Oot Aboot

John Frost

You've come early to see us this year, John Frost,
Wi your crispin an poutherin gear, John Frost;
For hedge, tower, an tree, as far as I see,
Are as white as the bloom o the pear, John Frost.

You've been very preceese wi your wark, John Frost,
Altho ye hae wrocht in the dark, John Frost;
For ilka fit-stap frae the door to the slap
Is braw as a new linen sark, John Frost.

There are some things aboot ye I like, John Frost,
An ithers that aft gar me fyke, John Frost;
For the weans, wi cauld taes, cryin 'shoon, stockins, claes' !
Keep us busy as bees in the byke, John Frost.

An to tell you I winna be blate, John Frost,
Our gudeman stops oot whiles rather late, John Frost,
An the blame's put on you, if he gets a thocht fou,
He's sae fleyed for the slippery lang gate, John Frost.

Ye hae fine goins-on in the north, John Frost
Wi your houses o ice, an sae forth, John Frost;
Tho their kirn's on the fire, they may kirn till they tire,
But their butter – pray what is it worth, John Frost?

WILLIAM MILLER

Diffugere Nives

Noo swallow-birds begin to big
An' primrose-flowers to blaw;
An' jockie whistles doun the rig
A fareweel to the snaw;

An' glints o' sunshine glancin' gleg,
Licht up the buddin' shaw
An' westlin' winds are playin' tig
Round ae bewildered craw.

Auld Tammas to the garle-wa'
Nails up a cherry-twig;
An' Mar'an waters, raw by raw,
Her bleachin' wi' a pig;

An' yonder – he's been lang awa' –
Comes Packie owre the brig,
An' country lads may noo gang braw,
An' country lasses trig.

JAMES LOGIE ROBERTSON

The Twa Traivlers

Twa traivlers gaed ance to the Hielans awa,
I' the hairst – oh! it's then that the Heilans are braw!
The tane he gaed – to be like the lave;
The tither his ane heart's yearning drave.

And when they baith were cam hame again,
Their friens and neighbours were unco fain,
And deaved them wi' spierin, ane and a' –
'Weel, what hae ye seen i' thae Hielans awa?'

The tane he gantit and scartit his pow –
'Oh! naething by-ordinar that I mind o':
Jist hill and heather, and loch and linn,
And the blue o' the lift, and the glint o' the suin.'

The tither leuch laigh, and the like spak he,
But wi' blithesome face, and wi' glisterin' e'e –
'Ay! hill and heather! and loch and linn!
And the blue o' the lift! and the glint o' the suin!'

DONALD MACALISTER

A Border Burn

Ah, Tam! gie me a Border burn
That canna rin without a turn,
And wi its bonnie babble fills
The glens amang oor native hills.
How men that ance have kend aboot it
Can leeve their after lives withoot it,
I canna tell, for day and nicht
It comes unca'd-for to my sicht.
I see 't this moment, plain as day,
As it comes bickerin owre the brae,
Atween the clumps o purple heather,
Glistenin in the summer weather,
Syne divin in below the grun,
Where, hidden frae the sicht and sun,
It gibbers like a deid man's ghost
That clamours for the licht it's lost,
Till oot again the loupin limmer
Comes dancin doon through shine and shimmer
At headlang pace, till wi a jaw
It jumps the rocky waterfa,
And cuts sic cantrips in the air,
The picture-pentin man's despair;
A rountree bus oot owre the tap o 't,
A glassy pule to kep the lap o 't,
While on the brink the blue harebell
Keeks owre to see its bonnie sel,
And sittin chirpin a its lane
A water-waggy on a stane.
Ay, penter lad, thraw to the wund
Your canvas, this is holy ground:
Wi a its highest airt acheevin,
The picter's deed, and this is leevin.

J. B. Selkirk

A Night's Rain

The thunder clap may clatter,
The lichtnin' flare awa':
I'm listenin' to the water,
And heed them nocht ava.

I canna think o' sleepin':
I canna hear eneuch,
The sang the trees are dreepin',
The music o' the sheugh!

And 'neath the roof that's drummin'
Wi' mair than rhone can kep,
Wi' faster fa' is comin'
The plop upon the step.

My famished flowers are drinkin'
In ilka drookit bed:
An' siller blabs are winkin'
On ilka cabbage bled.

And in my blankets rowin'
I think on hay an' corn –
I maist can hear them growin':
We'll see an odds the morn.

WALTER WINGATE

The Snail and the Craw

A Fable

A snail set oot on a jaunt ae day,
To hae a keek at the sky;
She'd trevel't an inch or twa, nae mair,
When a muckle craw cam' by.
The canny snail drew in her horn,
An' pit her jauntin' aff till the morn.

'A braw day, lass,' said the muckle craw,
And he winkit his bricht black e'e;
The wee snail creepit close in her hoose,
An' a frichtit snail was she.
'Will ye walk wi' me?' said the wily craw,
But the snail said ne'er a word ava.

'O bonnie wee snail, come oot, come oot,'
Said the craw, an' he fleeched gey sair,
'Your hoose is snug, but a wyse wee slug
Should come oot an' tak' the air.'
'I'll bide at hame,' said the snail, 'because
Ma mither aye threepit, "Keep clear o' craws".'

He gruppit the snail in his great lang neb,
An angry bird was the craw,
An' he gied twa chaps on a big flat stane
An' crackit her hoose in twa.
He swallowed her doon, an' said gey pat:
'Ceevility's wasted on gowks like that.'

W. D. COCKER

The Road

There are some that love the Border-land and some the
   Lothians wide,
And some would boast the Neuk o' Fife and some the banks o'
   Clyde,
And some are fain for Mull and Skye and all the Western Sea;
But the Road that runs by Atholl will be doing yet for me.

The Road it runs by Atholl and climbs the midmost brae
Where Killiecrankie crowns the pass with golden woods and
   gay;
There straight and clean 'twas levelled where the Garry runs
   below
By Wade's red-coated soldiery two hundred years ago.

The Road it strikes Dalwhinnie where the mountain tops are
   grey
And the snow lies in the corries from October until May;
Then down from bleak Ben Alder by Loch Ericht's windswept
   shore
It hastes by Dalnaspidal to the howes of Newtonmore.

The Road it runs through Badenoch, and still and on it rings
With the riding of the clansmen and a hundred echoings;
Oh, some they rode for vengeance and some for gear and gain,
But some for bonnie Charlie rode, and came not home again.

The Road it runs by Alvie – you may linger if you list
To gaze on Ben Muich-Dhuie and the Larig's cup of mist;
There are pines in Rothiemurchus like a gipsy's dusky hair,
There are birch-trees in Craigellachie like elfin silver-ware.

The Road it runs to Forres, and it leaves the hills behind,
For the roving winds from Morayshire have brought the sea to
   mind;
But still it winds to northward in the twilight of the day,
Where the stars shine down at evening on the bonny haughs of
   Spey.

Oh, there's some that sing of Yarrow stream, Traquair and
    Manor-side,
And some would pick the Neuk o' Fife, and some the banks o'
    Clyde;
And some would choose the Pentlands, Cauldstaneslap to
    Woodhouselee,
But the Road that runs by Atholl will be doing yet for me!

CHRISTINE ORR

Background

Frost, I mind, an' snaw,
An' a bairn comin' hame frae the schule
Greetin', nearly, wi' cauld,
But seein', for a' that,
The icicles i' the ditch,
The snaw-ploo's marbled tracks,
An' the print o' the rabbits' feet
At the hole i' the wire.

'Bairn ye're blue wi' cauld!'
An apron warmed at the fire,
An' frostit fingers rubbed
Till they dirl wi' pain.
Buttered toast an' tea,
The yellow licht o' the lamp,
An' the cat on the clootie rug
Afore the fire.

HELEN B. CRUICKSHANK

O Lord Look Doon on Buchan

O Lord look doon on Buchan
And a' its fairmer chiels!
For there's nae in a' Yer warld
Mair contermashious deils!

Yet tak a thocht afore Ye lat
Yer wrath and vengeance fa',
For sic weet and clorty widder
Wid gar ony human thraw!

But still an' on Ye ken richt weel
Their sowls are unca teuch,
And Lord fin a' is said and dane
Ye've tholed them lang aneugh.

And yet gin Ee'd come doon and tak
A dauner roon aboot
Ye'd sweir there wisna better han's
At garrin a'thing sproot.

So coontin up and coontin doon
The richt o't and the wrang,
Ye'd best hae patience, Lord, a fyle,
But Lord, O Lord, foo lang?

JOHN C. MILNE

Winchin'

Persuasion

Haste ye to the window, Jean,
For a lanely man am I.
Let me see your bonny een
Keekin' oot as I go by.
No ilka chield wad come sae far
To hear your mither's host's nae waur.

'Tammas, I've a heap to dae;
Bread to bake and claes to mend.
Gin I hark to a' you say,
Gude kens when the wark 'ill end;
But since you're there, I micht as weel
Be ceevil to a neebour chiel'.'

Jeannie lass, come doon the stair;
I canna crack unless you're near.
There's lots a body disna care
To tell a lass, when fowk may hear.
I wat you mak an unco phraise
O' bakin' bread and mendin' claes.

'Tammas, you've nae mense ava;
You're but an orra wanderin' loon.
You think that when you gi'e a ca',
I'll leave my work and hurry doon.
I ken you've nocht to say to me;
But, still an' on, I'll come and see.'

Jeannie, let's gae up the hill;
We'll see the mune rise by and by.
It's fine at nicht, when a' thing's still,
To hear the corncraiks in the rye.
Lassie, think o' a' you miss,
Indoors in sic a nicht as this.

'Tammas, wha' can eat brent bread?
You ken yoursel' it's far frae richt;
But losh be here, it is indeed
A maist by ordinar' bonny nicht.
Forbye; it's no that michty late;
You're no far wrang; the wark can wait.'

ALEXANDER GRAY

The Yellow-Hair'd Laddie

The yellow-hair'd laddie sat down on yon brae,
Cries, 'Milk the ewes, lassie, let nane of them gae.'
And ay she milked, and ay she sang:
'The yellow-hair'd laddie shall be my gudeman.

The weather is cauld, and my claithing is thin;
The ewes are new dipped, they winna bught in:
They winna bught in tho' I should die,
O yellow-hair'd laddie, be kind to me.'

The goodwife cries butt the house, 'Jenny, come ben,
The cheese is to mak', and the butter's to kirn.'
'Tho' butter, and cheese, and a' should sour,
I'll crack and kiss wi' my love ae half hour:
It's ae half-hour, and we's e'en mak' it three,
For the yellow-hair'd laddie my husband shall be.'

ANON

Causey Courtship

(A Dialogue between a Besom Cadger and a Fishwoman)

SCENE: The Auld Brig, Alloa

– Lassie wi the creel, can ye loe a cadger,
licht o hert and heel, fain to be your lodger?
Wooers like yoursel ye may hae in dizzens;
nane my wealth may tell – *Wha'll buy besoms?*

– Gruesome, tho' ye'r fain, dinna fleitch and flatter,
siller I hae nane in your gaet to scatter.
Up and doun I gang 'mang the gentle bodies,
roarin loud and lang – *Wha'll buy haddies?*

– Let me pree your mou; dinna fidge and swither,
time eneuch to rue when we gang thegither;
come, ye dorty thing, let us weet our wizens,
owre our drappie sing – *Wha'll buy besoms?*

– Touch me for your life; dinna pu' my apron;
aa the fules in Fife cudna match your caperin.
Gang ye to the bent, cuddle wi your cuddies,
there you're better kent – *Wha'll buy haddies?*

Glacket thing, ye'll rue, sairly ye'll repent it;
if the tether's fu' ne'er afore I kent it.
Less micht mak ye fain, drouth the timmer seasons,
I'll caa back again – *Wha'll buy besoms?*

We'll no hae maut and meal frae Crail to Tullibody,
when I gae to the Deil on a cadger's cuddy.
Sae airt yoursel awa wi aa your tattered duddies.
A fummart ye wad staw – *Buy caller haddies.*

JOHN CRAWFORD

Logan Braes

By Logan's streams that rin sae deep
Fu' aft wi' glee I've herded sheep,
Herded sheep, or gathered slaes,
Wi' my dear lad, on Logan braes.
But wae's my heart! thae days are gane,
And I wi' grief may herd alane;
While my dear lad maun face his faes,
Far, far frae me and Logan braes.

Nae mair at Logan kirk will he
Atween the preachings meet wi' me;
Meet wi' me, or when it's mirk,
Convoy me hame frae Logan kirk.
I weel may sing thae days are gane –
Frae kirk an' fair I come alane,
While my dear lad maun face his faes,
Far, far frae me and Logan braes!

At e'en, when hope amaist is gane,
I dauner out, or sit alane,
Sit alane beneath the tree
Where aft he kept his tryst wi' me.
O! could I see thae days again,
My lover skaithless, and my ain!
Belov'd by frien's, rever'd by faes,
We'd live in bliss on Logan braes.

JOHN MAYNE

Lucy's Flittin'

'Twas when the wan leaf frae the birk tree was fa'in',
And Martinmas dowie had wound up the year,
That Lucy row'd up her wee kist wi' her a' in,
And left her auld maister and neebors sae dear.

For Lucy had served in The Glen a' the simmer;
She cam' there afore the flower bloomed on the pea,
An orphan was she and they had been kind till her,
Sure that was the thing brocht the tear to her e'e.

She gaed by the stable where Jamie was stanin';
Richt sair was his kind heart the flittin' to see;
'Fare ye weel, Lucy,' quo' Jamie, and ran in,
The gatherin' tears trickled fast frae his e'e.

As down the burn-side she gaed slow wi' the flittin',
'Fare ye weel, Lucy,' was ilka bird's sang;
She heard the crow sayin't high on the tree sittin',
And robin was chirpin't the brown leaves amang.

O, what is't that pits my puir heart in a flutter?
And gars the tears come sae fast to my e'e?
If I wasna' ettled to be ony better,
Then what gars me wish ony better to be?

I'm just like a lammie that loses its mither;
Nae mither or friend the puir lammie can see;
I fear I hae tint my puir heart a'thegither,
Nae wonder the tears fa' sae fast frae my e'e.

Wi' the rest o' my claes I hae row'd up the ribbon,
The bonnie blue ribbon that Jamie ga'e me;
Yestreen when he ga'e me't, and saw I was sabbin',
I'll never forget the wae blink o' his e'e.

Tho' now he said naething but 'Fare ye weel, Lucy!'
It made me I neither could speak, hear nor see;
He couldna' say mair but just 'Fare ye weel, Lucy!'
Yet that I will mind till the day that I dee.

WILLIAM LAIDLAW

Said the Spaewife

Said the auld spaewife to me –
'Never be humble!
Lads'll tak' the rough o' your tongue
An' never grumble;
'But the thing nae man can bide,
An' he be human,
Is that mim-moothed snivellin' fule,
A fushionless woman.'

DOROTHY MARGARET PAULIN

The Station-Master's Dochter

(Otherwise, The Lament of Tammas Claiker, Bill-Sticker)

O wae's me for the station-master's dochter!
She doesna care a preen for me, tho I wad fain hae socht
    her.
She cocks a purple tammie on a stook o yalla hair:
A jersey haps her shouthers, but she keeps her thrapple bare,
in a what-d'ye-caa-'t – invitin ye tae tak a second luik –
a chemie, caad a blouse, wi a snippit gushet-neuk.
    Snippit, rippit, snippit,
    Rippit, snippit, rippit,
a chemie, caad a blouse, wi a snippit gushet-neuk.

Ay, see the stuck-up stockie standin there afore the wicket
she kens she has a dainty hand for taking up your ticket.
But in the train at fowks like me she winna fling a word,
she's aye in sic a hurry nippin tickets in the third.
But I wad like to tell her – I wad tell her gin I durst –
she's an unco time in nippin wi the billies in the first!
    Nippin, clippin, nippin,
    Clippin, nippin, clippin,
she's an unco time in nippin wi the billies in the first.

Aince, at the Coperative Ball, I thocht I'd hae a dance wi
    her,
but – set her up, the besom! – I could never get a chance wi
    her,
sae I had juist tae skutch about the slippy flure and watch her
trippin here and trippin there and skippin round and round,
whiles slippin intae corners wi the gentry frae the toun.
    Trippin, skippin, slippin
    Slippin, skippin, trippin,
slippin intae corners wi the gentry frae the toun.

O wae's me for the station-master's dochter
She winna gie a luik at me – she's no the lass I thocht her.
An honest man's a worthy man, whatever be his trade;
the lass that lichtlies him for that deserves tae dee a maid.
Ye getna muckle guid, but ye get the fewer ills
in pickin up a livin, rinnin round and stickin bills.
    Pickin, stickin, pickin,
    Stickin, pickin, stickin,
in pickin up a livin rinnin round and stickin bills.

ANON

Rab in the Field

I haud my ploo and steady guide
Auld Dan an' Whitestar side by side,
An' happit in my he'rt I hide
My love for Ceenie Sutherland.

The blackie in yon hawthorn tree,
The whaup that whistles owre the lea,
The jennywren sae jimp an' wee,
A' sing o' Ceenie Sutherland.

I hear the burnie's wimplin' sang,
It never stops the hale day lang
Like me, its thochts are ever thrang
Wi' bonny Ceenie Sutherland.

My he'rt's a field that's plooed by her,
In evry inch I feel a stir,
Her mark's on every rig an' fur,
That cuttie, Ceenie Sutherland!

An' when the first green blades are thro'
This fifteen-acre field I ploo
I'll try my luck, an' find oot hoo
I stand wi' Ceenie Sutherland.

HELEN B. CRUICKSHANK

McFarlane o' the Sprots o' Burnieboozie

Afore that I'd be terraneezed as I this file hae been,
I'd raither rin' frae here tae Birse wi' peez in baith ma sheen,
I'd raither dee for want o' breath than pine for want o' love,
And it's a' because McFarlane merrit Sousie.
Sousie's kankert faither wi' mine could niver gree,
And aye fan I'd gang ower that gait he'd turn his dog at me.
So I sent ma freen McFarlane doon to see fit he could dee,
McFarlane o' the Sprots o' Burnieboozie.

    I dinna like McFarlane, I'm safe enough tae state.
    His lug wad cast a shadow ower a sax-fit gate.
    He's soft as ony goblin and sliddery as a skate,
    McFarlane o' the Sprots o' Burnieboozie.

McFarlane spak nae wird for me but plenty for himsel',
He reesed the lassie's barley scones, her kebbick and her kail.
Her faither cried oot 'Sprottie, man, ye should try yer luck yersel',
Tae McFarlane o' the Sprots o' Burnieboozie.
Though McFarlane is the grimmest chiel for twenty miles aroon,
Though they buy his fottygraph tae fleg the rottens frae a toon,
He kittled up his spunk at this and spiered gin she'd come doon
And be mistress o' the Sprots o' Burnieboozie.

Oh, a dirl o' the teethache's nae particularly sweet,
Bit love's the only power on earth that iver gart me greet;
It's like kittlie chilblains roon yer heart instead o' roon yer feet –
They were aggravated wi' the sicht o' Sousie.
Noo freens and kind philosophers, ye've heard what me befell;
Niver lippen tae the middle man, bit dee yer work yersel',
Or I'll bet my hinmost sarkit ye're a day ahin the markit
As fan I sent Jock McFarlane roon tae Sousie.

    I dinna like McFarlane, it's affa' bit it's true;
    A pewter speen wis tint in Jock McFarlane's moo.
    He couldnae weel be grimmer, sups his brose wi' the
    skimmer –
    McFarlane o' the Sprots o' Burnieboozie.

G. BRUCE THOMSON

The Proposal

Ye'll get hens that'll keckle a' winter,
Birns o' reid-kamed cocks,
Hame-ower turkeys that gobble,
And reid-luggit bubbly-jocks;

Rich ream – bannocks and butter,
Sweet-milk kebbucks o' cheese,
And honey as clear as yer een, lass,
Fae three muckle skeps o' bees;

The best biggit hoosie in Buchan
That sits on the tap o' the brae,
And sheets o' my mither's great-granny's –
Od, lassie, fut mair wad ye hae!

JOHN C. MILNE

Fowk an' their Freens

Mally Lee

As Mally Lee cam' doun the street, her capuchin did flee;
She coost a look behind her, to see her negligee.

And we're a' gaun east and wast, we're a' gaun agee,
We're a' gaun east and wast, courtin' Mally Lee.

She had twa lappets at her head, that flaunted gallantlie,
And ribbon-knots at back and breast of bonnie Mally Lee.

A' doun alang the Canongate, were beaux o' ilk degree;
And mony ane turned round to look at bonnie Mally Lee.

And ilka bab her pompoon gied, ilk lad thought that's to me,
But feint a ane was in the thought of bonnie Mally Lee.

Frae Seaton's Land a Countess fair look'd owre a window hie,
And pined to see the genty shape of bonnie Mally Lee.

And when she reached the Palace porch, there lounged yerls three;
And ilk ane thought his Kate or Meg a drab to Mally Lee.

The dance gaed through the Palace ha', a comely sight to see;
But nane was there sae bright or braw as bonnie Mally Lee.

Though some had jewels in their hair, like stars 'mang cluds did
    shine,
Yet Mally did surpass them a', wi' but her glancin' eyne.

A Prince cam' out frae 'mang them a', wi' garter at his knee,
And danced a stately rigadoon wi' bonnie Mally Lee.

And we're a' gaun east and wast, we're a' gaun agee,
We're a' gaun east and wast, courtin' Mally Lee.

ANON

Katie Beardie

Katie Beardie had a coo,
Black an' white about the mou';
Wasna that a dentie coo?
Dance, Katie Beardie!

Katie Beardie had a hen,
Cackled but an' cackled ben;
Wasna that a dentie hen?
Dance, Katie Beardie!

Katie Beardie had a cock
That could spin a guid tow rock;
Wasna that a dentie cock?
Dance, Katie Beardie!

Katie Beardie had a grice,
It could skate upon the ice;
Wasna that a dentie grice?
Dance, Katie Beardie!

Katie Beardie had a wean
That was a' her lovin' ain;
Wasna that a dentie wean?
Dance, Katie Beardie!

ANON

The Deein' Fisher

Gang, Jenny, bring my fishing-book,
    And lay't doon by my side,
That I aince mair may view the lines
    And flees that were my pride;
I'll spread them oot upon the mat,
    And sort them ane by ane,
And think I'm on some burnie's bank
    Some cloudy day in June.

And have I on ye spent, my flees,
    Sae mony hours in vain?
And will ye ne'er in hauns o' mine
    Deceive a trout again?
Maun I ne'er mair in Avon drook
    Your wings, my bonnie flees,
Nor fin' the caller water plash
    Sae kindly ower my knees?

There, Jenny, lay them by again,
    I'm jist like ony wean,
Wi' trifles for a moment pleased
    Wi' trifles filled wi' pain.
Oh, sirs! but they've a weary time
    On creepin' Doom wha wait,
Expectin' morn and e'en to hear
    His trumpet at the gate.

Dear Jenny, we in wedlock's yoke
    Thegither weel ha'e drawn;
Though ae trout meltit frae a tak',
    Ye ne'er sat glum and thrawn.
Ye ne'er wi' gloomy looks against
    My only pleasure stood,
Nor grudged an antern idle day
    When streams were in the tid.

In vain the Shirra warn't me, Jen',
    In vain he fin't me sair;
To ha'e oor hard-won siller back
    I used my rod the mair.
I ken I should the salmon spared
    That socht oor streams to spawn;
But them that law forbids to fish
    Maun jist tak' what they can.

But, Jenny, noo its ower; nae mair
    I'll paidle in the Clyde;
Nae mair my rod ower Avon wave
    Wi' a' a fisher's pride.
Thy stream, Carbarns, I'll roop nae mair,
    Nor up the water steer,
And frae thy dark deep pools, Dalserf,
    The pike in triumph bear.

This warl' is just a river, Jen',
    Wi' human shoals aye thrang:
Some strugglin' aye against the stream,
    Some cannie borne alang.
And Death stauns ower't wi' otter-line,
    Oot liftin' ten by ten,
Syne whaur we're ta'en, or hoo we're us't,
    We guess, but little ken.

And I am just a puir lean troot,
    That in the pan would burn,
And, strugglin' past the otter-line,
    Am liftit in my turn.
Oh! but to leeve and shield the bairns,
    When want or winter ca's,
I wad gi'e a that ever swam
    'Tween Ailsa and the Fa's.

Ay, Jenny, weel the tear o' grief
    May shimmer in thy e'e;
Though wee and feckless, I ha'e been
    A kin' guidman to thee.
He's comin' fast, that creditor,

Wha maun ha'e a' that's awn;
I see the settin' sun, but when
    Or whaur will come the dawn?

Oh, Jenny, when the time comes roun'
    To lay me 'neath the sward,
Say, will ye try and get me laid
    In auld Cam'nethan yaird?
For when the last lood trumpet-note
    Frae Death's grip sets me free,
I like to think I'll rise and ha'e
    The water in my e'e.

DAVID WINGATE

The Fiddler

Some say 'twas Priest Logie first learnt him the knack,
An nae muckle winner,
For files fin ye h'ard him ye'd sweer he could mak'
A saint o' a sinner.

But ither times, fegs, he wad play ye a spring
Wad set your bleed dirlin'
Until ye gaed daft, an' yer bonnet ye'd fling
Oot ow'r the meen birlin'.

He'd sangs and laments, a reel, a strathspey,
Some tune that cam' greetin';
A rant that wad turn an aul' maid fairly fey,
Wi' he'rt wildly beatin'.

For young an' for aul', for blither an' for dour,
For dancers an' singers,
For a' that had lugs, there was magical poo'r
In's bow an' in's fingers.

But noo he's awa', an' his meesic nae mair
Comes lauchin' or sabbin',
Tae hiz onywye – although maybe up there,
As seen's they loot Rab in.

The Almichty wad say tae the angels a' roun'
His deece i' the middle,
'Jist heely a meenit: your harps lay ye doon;
Rab, hae ye your fiddle?'

J. M. CAIE

Kitty Brewster

She sellt a dram – I kent her fine –
Out on the road to Hilton.
Afore the door there stood a sign
Ahint a lairack beltin'.
The sign, to mak it bright and gay,
Taxed Tinto's best resources,
An ale-stoup and a wisp o' hay –
'Farin' for men and horses.'
Her dram was good, but O, her ale,
'Twas it that did her credit.
Aboon a' brewsts it bore the bell
An' 'twas hersel' that made it;
Just twa-three waughts o't wi' a frien',
Out ower a bargain makin',
Wad cheer your heart and light your e'en,
And set your lugs a-crackin'.
Her yaird had midden-cocks and game,
And mony a cacklin' rooster;
She was a canty, kindly dame,
They ca'd her Kitty Brewster.

At brewin' time her mashin' tubs
Had sic a mauty flavour,
It gar'd the gabs o' drouthy swabs
Rin' ower wi' langin' slaver;
And when the brewst was sweet and new
It sae slid ower the wizzen
Ye thocht ye war in bliss – your pow
Had sic a pleasant bizzin',
And syne she whanged the kebbuck doon,
And cakes het frae the griddle,
While some blythe chap struck up a tune
Upon the cheery fiddle;
And Kate hersel' was never sweer,
If ony ane induced her,
To fit it deftly on the fleer –
Kind, canty Kitty Brewster.

Her kitchen had a fireplace large,
A deep recess and cosy,
Wad haud a dizzen in its mairge,
A' canty and jocosy.
This was the place, in winter keen,
For mony a crack political,
When dykers had their day's darg deen
And state affairs were critical;
And they sae managed the debate –
They couldna been correcker
Had they been Ministers o' State
Or Chancellors o' Exchequer;
And aye to fill another jug
Her Parliament induced her,
By whisperin' something in her lug
That pleased kind Kitty Brewster.

Alas the change! Houses like men
Have just their life to live it;
Kind Kitty's canty but-and-ben
Is levelled with the divot.
Nae mair o' mashin' maut the smell
Sets drouthy mou's a-slaverin',
On yon road-side ye couldna tell
Whaur stood the cosy tavern.
There's naething now but cattle roups,
And smells o' melted tallow.
Whaur ance war filled the reamin' stoups
To mony a hearty fellow.
I fear that they their wits wad tine
Wi' train and locomotive,
The chaps wha ance at Kitty's shrine
Poured their libations votive.
Kate's brewin' craft and spotless fame –
For nane have e'er traduced her –
We own when Lily Bank we name
Conjoined wi' Kitty Brewster.

WILLIAM CADENHEAD

The Inducement

'Whistle, whistle, auld wife;
An' ye'se get a hen.'
'I wadna whistle', quo' the wife,
'Though ye wad gie me ten.'

'Whistle, whistle, auld wife,
An' ye'se get a cock.'
'I wadna whistle', quo' the wife,
'Though ye'd gie me a flock.'

'Whistle, whistle, auld wife,
An' ye'll get a goun.'
'I wadna whistle', quo' the wife,
'For the best ane i' the toun'.'

'Whistle, whistle, auld wife,
An' ye'se get a coo.'
'I wadna whistle', quo' the wife,
'Though ye wad gie me two.'

'Whistle, whistle, auld wife,
An' ye'se get a man.'
'Wheeple-whauple', quo' the wife,
'I'll whistle gin I can.'

ANON

A Pair o' Nicky Tams

Fan I was only ten year auld, I left the pairish schweel.
My faither he fee'd me tae the Mains tae chaw his milk and meal.
I first pit on my narrow breeks tae hap my spinnel trams,
Syne buckled roon my knappin' knees, a pair o' Nicky Tams.

It's first I gaed for baillie loon and syne I gaed on for third,
An' syne, of course, I had tae get the horseman's grippin' wird,
A loaf o' breed tae be my piece, a bottle for drinkin' drams,
Bit ye canna gyang thro' the caffhouse door without yer Nicky
    Tams.

The fairmer I am wi' eynoo he's wealthy, bit he's mean,
Though corn's cheap, his horse is thin, his harness fairly deen.
He gars us load oor cairts owre fou, his conscience has nae qualms,
Bit fan briest-straps brak there's naething like a pair o' Nicky Tams.

I'm coortin' Bonnie Annie noo, Rob Tamson's kitchie deem,
She is five-and-forty an' I am siventeen,
She clorts a muckle piece tae me, wi' different kinds o' jam,
An' tells me ilka nicht that she admires my Nicky Tams.

I startit oot, ae Sunday, tae the kirkie for tae gyang,
My collar it wis unco ticht, my breeks were nane owre lang.
I had my Bible in my pooch, likewise my Book o' Psalms,
Fan Annie roared, 'Ye muckle gype, tak' aff yer Nicky Tams!'

Though unco sweir, I took them aff, the lassie for tae please,
But aye my breeks they lirkit up, a' roon aboot my knees.
A wasp gaed crawlin' up my leg, in the middle o' the Psalms,
So niver again will I enter the kirk without my Nicky Tams.

I've often thocht I'd like tae be a bobby on the Force,
Or maybe I'll get on the cars, tae drive a pair o' horse.
Bit fativer it's my lot tae be, the bobbies or the trams,
I'll ne'er forget the happy days I wore my Nicky Tams.

G. S. MORRIS

Cronies

Here at the Winter fire we sit,
Cronies, and unco snug;
A clear fireside, a lamp new lit,
And we twa on the rug;
Cronies in honest freendship knit –
An auld man and his doug!

Yet no' sae auld, and no' sae stiff,
Nor yet withoot the will
To speil the brae, and get a gliff
O' heather on the hill;
The caller air is guid to sniff –
Guid baith for me and Bill!

His glossy coat, sae trig and ticht,
Is of the chestnut hue;
His nose is keen, and keen his sicht
When rabbits loup in view;
His pedigree may no' be richt, –
But lord! his heart is true!

And fine he kens whare rabbits rin,
As brisk he taks the road;
First up the brae, he waits abin
For whistle or for nod
To start his rampauge 'mang the whin –
Since I'm his human god!

Gosh! but he kens the richt and wrang
As weel as you or me;
He kens the gate he ocht to gang,
But whiles he gangs ajee –
Then tail, and lugs, and head doon hang,
While guilt coors in his e'e!

He crawls the earth wi' humble air,
He pleads to be forgiven;
And what can man or doug do mair
Wha's conscience is hard-driven –
But ae kind word maks Bill aware
That kind words are his heaven!

Oh! trusty soul; oh! simple creed;
Kindness that casts oot fear
Is still this auld earth's sairest need
To bring millenium near;
Sae Bill and me are fast agreed
That it's no' far frae here: –

For there he sprawls upon the rug
Afore the Winter fire;
While here sit I, content and snug
As ony in the shire;
A couthie hame, a faithful doug –
What mair can man desire!

HAMISH HENDRY

My Doug

To love my neighbour as mysel'
Comes awfu' hard on me:
The mair I see o' some folk,
The less I want to see.

The human race may be a' richt,
But this into your lug:
The mair I see o' some folk,
The mair I like my doug.

I'm no referring to the folk
That's gathered round me here,
For present company of course,
Maun aye be keepit clear.

But I'm referrin' to the folk –
I canna richt explain,
The kind o' folk ye try to dodge
By gaun doun Logie's Lane.

My doug it is a mongrel tyke,
And ugly too, I ween,
But has mair gumption in its heid
Than lots o' folk I've seen.

A doug aye loves ye for yoursel',
Whate'er your social scale,
And though your coat be auld an' green,
Comes up an' wags its tail.

If aince a doug becomes your pal,
He'll never let ye doon,
Although your buits be fou o' holes,
Your hat withoot a croon.

A doug kens mair aboot a man
By sniffin' at his breeks
Than Sherlock Holmes, wi' a' his lair,
Can tell in weeks an' weeks.

A doug may hae a lot o' fauts,
But gie the beast its due:
It never comes hame late at nicht
Miraculously fou.

A doug may bark, a doug may bite,
A doug may kill a hare;
But whaur's the doug that smokes black twist,
And spits upon the flair?

Dougs never gang to Burns's splores,
And drink to Jeans and Maggies,
And when they're feelin' bad next day
Complain it was the haggis.

It tak's a' kinds to mak' a warl',
My certie but it's true:
Just see the job they're makin'
O' the warl' i' the noo'.

For things are a' turned upside doon,
They've a' gane tapsalteerie,
And when we try to pit them richt,
Our heids bum like a peerie.

The muckle Deil has gotten lowse,
And roams frae Pole to Pole,
He's playin' centre forward,
And he wants to kick a goal.

He's got the warld for his ba',
And though it's sad to tell,
If we should fail to stop his game,
He'll kick us a' to H − .

And noo, my friens, afore I stop,
A word into your lug:
The human race wad hae mair sense
If it was like my doug.

T. EVANS JOHNSTONE

Workin' Fowk

The Yairds

I've wrocht amang them, man and boy, for mair nor fifty year,
I canna bear to quit them yet noo that I'm auld an' sere,
The Yairds is just the life o' me, the music's in my bluid
O' hammers striking strong an true on rivets loweing rid;
I'm auld, I ken, but, Goad be thank'd! I hivna lost my pride
In honest wark on bonny boats that's built upon the Clyde.

Frae Broomielaw to Kempoch Point I ken them every yin,
I kent them when I was a wean when I could hardly rin;
I kent them as a rivet boy, I kent them in my prime,
An' tho' there's been an unco wheen o' chainges in my time,
Yet still it's aye a bonny sicht to see them in their pride,
Wi' 'weys' laid doun an' some big boat a' ready for the tide.

It's graun' to see the boats grown up frae keel to upper strake,
An' ken it's a' guid honest wark an' no' an unce o' fake;
It's graun' to see the muckle frames staun' up like leafless trees,
To hear the clang o' plates an' see the rivet furnace bleeze,
To see the bonny boats tak' shape just like a leevin' thing,
Eh, man, but it's a bonny sicht an' fit to please a king.

I've helped to build a wheen o' them in mony a different yaird,
Frae barges up to battleships the Empire for to guaird,
An' eh, the names I could reca' o' men noo passed awa
What planned and built the boats lang syne, aye trig and strang
    and braw.
The men hae gane, but left ahint a legacy o' fame,
For honest wark an' bonny boats that gied the Clyde its name.

Tod an' McGregor, Napier tae, John Elder, an' the Scott's,
Wi' auld Wull Fyfe, awa doun bye, aye buildin' bonny yachts,
The 'Limited,' an' Simonses, the Tamson's at Clydebank
(That's noo John Broon's), an' Stephens whaur the puir *Daphne*
    sank,
An' Caird's, an' Connel's, Barclay Curles, an' Russell, an'
    Dunlop,
An' Fairfield, Beardmore's, Tammy Seath's — I've wrocht in
    every shop.

Ye'll hear it said the 'Black Squad' drink an' break their time
    forbye,
Weel I jaloose we hae oor fauts – jist let the jaw gang by;
But this I'll say that, gin we drink an' break oor time as weel,
Wi' a' oor fauts, by Goad! we ken jist hoo to lay a keel,
An' build a boat that nane can beat in a' the warld beside,
The best o' wark, the bonniest boats aye come frae oot the
    Clyde.

JOHN P. FERGUS

The Packman

There was a couthy Packman, I kent him weel aneuch,
The simmer he was quartered within the Howe o' Tough;
He sleepit in the barn end amo' the barley strae,
But lang afore the milkers he was up at skreek o' day,
An' furth upon the cheese stane set his reekin' brose to queel
While in the caller strype he gied his barkit face a sweel;
Syne wi' the ell-wan' in his nieve to haud the tykes awa'
He humpit roon' the country side to clachan, craft an ha'.

Upon the flaggit kitchen fleer he dumpit doon his pack,
Fu' keen to turn the penny ower, but itchin' aye to crack;
The ploomen gaithered fae the fur', the millert fae the mill,
The herd just gied his kye a turn an' skirtit doon the hill,
The smith cam' sweatin' fae the fire, the weaver left his leem,
The lass forgot her comin' kirn an' connached a' the ream,
The cauper left his turnin' lay, the sooter wasna slaw
To fling his lapstane in the neuk, the elshin, birse an' a'.

The Packman spread his ferlies oot, an' ilka maid an' man
Cam' soon on something sairly nott, but never missed till than;
He'd specs for peer auld granny when her sicht begood to fail,
An' thummles, needles, preens an' tape for whip-the-cat to wale,
He'd chanter reeds an' fiddle strings, an' trumps wi' double stang,
A dream beuk 'at the weeda wife had hankered after lang,
He'd worsit for the samplers, an' the bonniest valentines,
An' brooches were in great request wi' a' kirk-gangin' queyns.

He'd sheafs o' rare auld ballants, an' an antrin swatch he sang
Fae 'Mill o' Tiftie's Annie' or o' 'Johnnie More the Lang,'
He would lilt you 'Hielan' Hairry' till the tears ran doon his
    nose,
Syne dicht them wi' a doonward sleeve an' into 'James the
    Rose';
The birn that rowed his shou'ders tho' sae panged wi' things to
    sell
Held little to the claik he kent, an' wasna laith to tell, –
A waucht o' ale to slock his drooth, a pinch to clear his head,
An' the news cam' fae the Packman like the water doon the lade.

He kent wha got the bledder when the sooter killed his soo,
An' wha it was 'at threw the stane 'at crippled Geordie's coo,
He kent afore the term cam' roon' what flittin's we would see,
An' wha'd be cried on Sunday neist, an' wha would like to be,
He kent wha kissed the sweetie wife the nicht o' Dancie's ball,
An' what ill-trickit nickum catched the troot in Betty's wall,
He was at the feein' market, an' he kent a' wha were fou,
An' he never spoiled a story by consid'rin gin 'twas true.

Nae plisky ever yet was played but he could place the blame,
An' tell you a' the story o't, wi' chapter, verse an' name,
He'd redd you up your kith an' kin atween the Dee an' Don,
Your forbears wha were hanged or jiled fae auld Culloden on,
Altho' he saw your face get red he wouldna haud his tongue,
An' only leuch when threatened wi' a reemish fae a rung;
But a' the time the trade gaed on, an' notes were rankit oot
Had lang been hod in lockit kists aneth the Sunday suit.

An' faith the ablach threeve upon't, he never cried a halt
Until he bocht fae Shou'der-win' a hardy cleekit shalt,
An' syne a spring-cairt at the roup when cadger Willie broke,
That held aneth the cannas a' that he could sell or troke;
He bocht your eggs an' butter, an' awat he wasna sweer
To lift the poacher's birds an' bawds when keepers werena
        near;
Twa sizzens wi' the cairt an' then – his boolie rowed sae fine –
He took a roadside shoppie an' put 'Merchant' on the sign.

An' still he threeve an' better threeve, sae fast his trade it grew
That he thirled a cripple tailor an' took in a queyn to shue,
An' when he got a stoot guidwife he didna get her bare,
She brocht him siller o' her ain 'at made his puckle mair,
An' he lent it oot sae wisely – deil kens at what per cent –
That farmers fan' the int'rest near as ill to pay's the rent;
An' when the bank set up a branch, the wily bodies saw
They beet to mak' him Agent to hae ony chance ava'.

Tho' noo he wore a grauvit an' a dicky thro' the week,
There never was a bargain gaun 'at he was far to seek,
He bocht the crafter's stirks an' caur, an' when the girse was set
He aye took on a park or twa, an' never rued it yet;
Till when a handy tack ran oot his offer was the best
An' he dreeve his gig to kirk an' fair as canty as the rest,
An' when they made him Elder, wi' the ladle it was gran'
To see him work the waster laft an' never miss a man.

He sent his sons to college, an' the auldest o' the three –
Tho' wi' a tyauve – got Greek aneuch to warsle thro's degree,
An' noo aneth the soundin' box he wags a godly pow;
The second loon took up the law, an' better fit there's fyou
At chargin' sax an' auchtpence, or at keepin' on a plea,
An' stirrin' strife 'mang decent fouk wha left alane would
    'gree;
The youngest ane's a doctor wi' a practice in the sooth,
A clever couthy cowshus chiel some hampered wi' a drooth.

The dother – he had only ane – gaed hine awa' to France
To learn to sing an' thoom the harp, to parley-voo an' dance;
It cost a protty penny but 'twas siller wisely wared,
For the lass made oot to marry on a strappin' Deeside laird;
She wasna just a beauty, but he didna swither lang,
For he had to get her tocher or his timmer had to gang;
Sae noo she sits 'My Lady,' an' nae langer than the streen
I saw her wi' her carriage comin' postin' ower Culblean.

But tho' his bairns are sattled noo, he still can cast the coat
An' work as hard as ever to mak' saxpence o' a groat;
He plans as keen for years to come as when he first began,
Forgettin' he's on borrowed days an' past the Bible span.
See, yon's his hoose, an' there he sits; supposin' we cry in,
It's cheaper drinkin' toddy there than payin' at the Inn,
You'll find we'll hae a shortsome nicht an' baith be bidden
    back,
But – in your lug – ye maunna say a word aboot the Pack.

CHARLES MURRAY

Martha

I'm trachled wi' the hoose-wark,
Faith, ay! I'm like to greet;
Sin' first I raise this mornin'
I've no' been aff ma feet.
A place redd-up an' tidy
Aye gars me feel sae croose;
But, wae's me! saw ye ever
Sic a reel-rall hoose?

Ma washin' isna feenished,
The claes are in the bine,
I'll let them lie in sapples,
Then gie them a bit sine.
The flair has no' been soopit,
Ablow the bed there's oose,
There's stour in ilka corner
O' this reel-rall hoose.

The kitchen lum's been reekin',
The hale day things gaed wrang,
The weans were geyan fashious,
But they've been bedded lang.
I've fleyed ma man wi' flytin',
He sits as quate's a moose;
There's naething' gets ma birse up
Like a reel-rall hoose.

I'm geyan near forfochen;
I'll mask a cup o' tea –
To weary he'rts an' dowie
Some comfort that can gie.
An' gin I rest a whilie
I'll maybe feel mair croose,
An' yoke again to wrastlin'
Wi' this reel-rall hoose.

W. D. Cocker

The Tinkler

Gin I was a sturdy tinkler
Trampin' lang roads an' wide,
An' ye was a beggar hizzie
Cadgin' the country side;

The meal bags a' your fortune,
A jinglin' wallet mine,
I wouldna swap for a kingdom
Ae blink o' my raggit queyn.

The gowd that hings at your lugs, lass,
I would hammer it for a ring,
Syne Hey for a tinklers' waddin'
An' the lythe dyke-sides o' Spring.

O whiles we would tak' the toll-road
An' lauch at the Norlan' win',
An' whiles we would try the lown roads,
An' the wee hill-tracks that rin.

Whaur the blue peat reek is curlin'
An' the mavis whussles rare,
We'd follow the airt we fancied
Wi' nane that we kent to care.

An' ye would get the white siller
Spaein' the lasses' han's,
An' I would win the broun siller
Cloutin' the aul' wives' cans.

Whiles wi' a stroop to souder,
Girdin' at times a cogue,
But aye wi' you at my elbuck
To haud me content, ye rogue.

We'd wash in the rinnin' water,
An' I would lave your feet,
An' ye would lowse your apron
An' I would dry them wi't.

I'd gaither yows at gloamin'
An' ye would blaw the fire,
Till the lilt o' the singin' kettle
Gart baith forget the tire.

An' blithe, my cuttie luntin',
We'd crack aboot a' we'd seen,
Wi' mony a twa-han' banter
Aneth the risin' meen.

Syne in some cosy plantin'
Wi' fern an' heather spread,
An' the green birks for rafters
The lift would roof your bed.

An' when your een grew weary
Twa stars would tine their licht,
An' saftly in my oxter
I'd faul' you for the nicht.

Nae cry fae frichtened mawkin,
Snared in the dewy grass,
Nor eerie oolet huntin'
Would wauken you then, my lass.

An' when the mists were liftin'
An' the reid sun raise to peep,
Ye would only cuddle the closer
An' lauch to me in your sleep.

Wi' a' the warl' to wander,
An' the fine things yet to see,
Will ye kilt your coats an' follow
The lang, lang road wi' me?

The open lift an' laughter –
Is there onything mair ye lack?
A wee heid in the bundle
That shouds upon my back.

CHARLES MURRAY

A Plooman's Lament

I'm fee'd tae a fermer in Fife,
I'se warrant we pairt at the term;
I was ne'er sae hard-wrocht in ma life:
It's mair like a jile than a ferm.
The bothy is waur than a sty:
The caff bed wi' loupers is rife;
Ye're no' as weel hoosed as the kye
When fee'd tae a fermer in Fife.

I'm fee'd tae a fermer in Fife,
A Renfrewshire lad kens the differ;
It's, oh, for a sicht o' the Gryffe,
Or a blink o' the Braes o' Gleniffer!
There wark wi' the daylicht is dune,
An' at e'en there's some pleesure in life;
But ye toil by the licht o' the mune
When fee'd tae a fermer in Fife.

I'm fee'd tae a fermer in Fife,
But that's no the warst o' ma tale:
He's gotten a jaud o' a wife,
That grudges ye saut tae yer kail.
Gey scrimp is the fare at ilk meal,
An' she flytes wi' a tongue like a knife;
Oh, ploomen, tak' arles frae the deil,
But haud clear o' the fermers o' Fife!

W. D. COCKER

The Sang o' the Smiddy

Awa' wi' yer diddles on the pipes and the fiddles,
Awa' wi' yer ballats and yer flings sae free!
Hey for the smiddy whaur the auld toun hiddles,
And the lilt o' the hammer in the North Countree!
Wi' the clink-clank-clour
And the sterny stour,
And the sang o' the airn on the steel sae slee;
Eh, lease me on yon walloch for an hour
That rants in the smiddies o' the North Countree!

The pipe is steerin' and braw tae the hearin',
And the drum is a brither o' the bluid tae me.
But sang owre a' that my saul is speirin'
Is the ding o' the anvil in the North Countree.
Eh, the tow-row-row
O' the brawny gow
As he skelps on the stithy wi' a snae-snick-snee,
The gurr o' the bellows and the glint o' the lowe,
And the scaum o' the smiddies in the North Countree!

The chink o' the coin is sweet tae the gruppy,
And sweet tae the weary is the bird in the tree,
The drouth he craves for the clink o' the cuppie,
But gie me the anvil in the North Countree!
Oh, it's ran-dan-dan
Is the sang for a man,
Like a bell frae a schooner on a stormy sea,
Eh, ma lugs are ringin' at the thocht o' the singin'
O' the airn on the anvil in the North Countree!

LEWIS SPENCE

The Auld Days

Scotch Words

They speak in riddles north beyond the Tweed,
The plain, pure English they can deftly read;
Yet when without the book they come to speak,
Their lingo seems half English and half Greek.

Their jaws are *chafts*, their hands when closed are *neives*,
Their bread's not cut in slices, but in *sheives*,
Their armpits are their *oxters*, palms are *luifs*,
Their men are *chields*, their timid fools are *cuiffs*,
Their lads are *callants*, and their women *kimmers*,
Good lasses *denty queens*, and bad ones *limmers*,
They *thole* when they endure, *scart* when they scratch;
And when they give a sample it's a *swatch*,
Scolding is *flytin'*, and a long palaver
Is nothing but a *blether* or a *haver*.
This room they call the *but* and that the *ben*,
And what they do not know they *dinna ken*.
On keen cold days they say the wind *blaws snell*,
And they have words that Johnson could not spell,
And when they wipe their nose they *dicht* their *byke*,
As *imph'm* which means – anything you like;
While some, though purely English, and well known,
Have yet a Scottish meaning of their own: –
To *prig* is to plead, beat down a thing in cost;
To *coff* is to purchase, and a cough's a *host*,
To *crack* is to converse; the *lift's* the sky;
And *bairns* are said to *greet* when children cry.
When lost, folk never ask the way they want –
They *speir* the gate, and when they yawn they *gaunt*,
Beetle with them 's a *clock*, a flame's a *lowe*,
Their straw is *strae*, chaff, *cauff*, and hollow, *howe*;
A *pickle* means a few, *muckle* is big;
And a piece of crockery ware is called a *pig*.

Speaking of pigs – when Lady Dalacour
Was on her celebrated Scottish tour,
One night she made her quarters at the 'Crown',
The head inn of a well-known country town.
The chambermaid, in lighting her to bed,
Before withdrawing, curtsied low and said –

'This nicht is cauld, my leddy, wad ye please
To ha'e a pig in the bed tae warm your taes?'

'A pig in the bed to tease! What's that you say?
You are impertinent – away, away!'

'Me impident! No, mem – I meant no harm,
But just the greybeard pig to keep ye warm.'

'Insolent hussy, to confront me so!
This very instant shall your mistress know.
The bell – there's none of course – go, send her here.'

'My mistress, mem, I dinna need to fear,
In sooth, it was hersel' that bade me speir.
Nae insult, mem! We thocht ye wad be gled,
On this cauld nicht, to ha'e a pig i' the bed.'

'Stay, girl, your words are strangely out of place,
And yet I see no insult in your face.
It is a custom in your country then,
For ladies to have pigs in bed with them?'

'Oh! quite a custom wi' the gentles, mem –
Wi' gentle ladies, ay, an' gentlemen,
And, troth, if single, they wad sairly miss
Their het pig on a cauldriff nicht like this.'

'I've seen strange countries – but this surely beats
Their rudest makeshifts for a warming-pan,
You would not put the pig between the sheets?'

'Surely, my lady, and nae ither where –
Please, mem, ye'll find it do the maist guid there.'

'Fie, fie, 'twould dirty them, and if I keep
In fear of that, you know, I could not sleep.'

'Ye'll sleep far better, mem. Tak' my advice!
The nicht blaws snell – the sheets are cauld as ice.
I'll fetch ye up a fine, warm, cozy pig,
I'll mak' ye sae comfortable and trig,
Wi' coortains, blankets, every kind o' hap,
And warrant ye to sleep as sound's a tap.
As for the fylin' o' the sheets – dear me,
The pig's as clean outside as a pig can be.
A weel-closed mouth's eneuch for ither folk,
But if ye like, I'll put it in a poke.'

'But, Effie – that's your name, I think you said –
Do you, yourself, now take a pig to bed?'

'Eh? na, mem, pigs are only for the great,
Wha lie in feather beds, and sit up late.
Feathers an' pigs are no for puir riff-raff –
Me an' my neebor lassie lie on cauff.'

'What's that – a calf? If I your sense can gather,
You and the other lassie sleep together –
Two in a bed, and with their calf between?
That, I suppose, my girl, is what you mean?'

'Na, na, my leddy – 'od ye're jokin' noo –
We sleep thegither, that is very true –
But nocht between us, wi' oor claes a' aff,
Except oor sarks, we lie upon the cauff.'

'Well, well, my girl! I am surprised to hear
That we of English habits live so near
Such barbarous customs. Effie, you may go,
As for the pig, I thank you, but – no, no –
I'd rather be without both pig and calf.'

On the return of Lady Dalacour,
She wrote a book about her northern tour,
Wherein the facts are graphically told,
That Scottish gentlefolks, when nights are cold,
Take into bed fat pigs to keep them warm.
While common folks, who share their beds in halves –
Denied the richer comforts of the farm –
Can only warm their sheets with lean, cheap calves.

ROBERT LEIGHTON

Granny's Washin'-Bine

I dinna min' when Granny dee't,
It maun be lang sinsyne;
For e'en afore I gaed tae schule
We had her washin'-bine.

It wis a pea-green pentit ane,
A' girrt wi' airn baun's,
Sae weichty that it needit twa
Tae lift it on the staun's.

Ilk Setterday at gloamin-time
'Twas on the kitchen flair;
The lamp turn't up, an' a' us bairns
Wi' mither gethert there.

Frae stowp an' boilin kettle she
A lu'-warm bath sune made;
Syne, sarkless to bend ower the bine,
Ane efter ither gaed.

Weel saipit first were heid an' neck,
Rubb'd syne, an' laved atween;
Ilk mannie pursin' close his lips
An' steekin' fast his e'en,

Tae keep the saipy water oot
Or aiblins smoor a cry,
Till ower his heid a towel was thrown,
His streamin' face tae dry.

The nicht-goons neist were slippit on,
The breeks slipp't aff, atweel;
An' seated roun' the side, we scrubb'd
Oor legs, frae hip tae heel.

Syne on the rug afore the fire
(Oor chins up tae oor knees)
We birselt us, baith front an' back;
An' ate oor scone an' cheese.

A warnin' word 'boot lyin' quate,
A kiss – then aff we gae
Tae say oor prayers till oorsel's,
An' dream in Blanket Bay.

On washin'-days 'twas reamin' ower
Wi' rowth o' sapples, seen
When ilka ane wi's tinny fu'
Blew bubbles on the green.

An noo's an' than's a nippin' nose
Or watery e'e tae dicht;
When hauf-blawn bubbles spark't or burst
Or didna rise a' richt.

Yet a' the same we skreicht wi' joy
Gin mebbe twa or three
Stuck close thegither, sail't awa'
Abune the aipple-tree.

But oh! when Hallowe'en cam roun',
It wis the best o' a',
Wi' scores o' aipples soomin' in't,
Reid-cheikit, big an' sma'.

A spurkle sent them in a swirl,
An' on a chair we stood
Abune the bine, wi' fork in teeth
Tae speet whate'er we could.

Sax shots apiece was a' we got,
An' misses werena few;
For aimin' wi' a twa-tae'd fork
Needs steady e'e an' mou'.

The dookin' follow't efter that,
The russets dancin' roun',
While ower the side a' necks were bent
An' heids bobb'd up an' doun.

Each strivin' tae dook up the maist
An' keep them at his side;
Syne when the bine at last was toom,
Tae mak' a fair divide.

An' tho' we're noo a' grown-up men,
We min' o' auld langsyne
An' aft come ower the splores we had
Roun' Granny's washin'-bine.

JOHN BUCHANAN

Ambrosia

Wee shilpet, shachly, girnin' weans,
Ye've tint your forebears' thews an' banes;
Ye're haurly fit to walk your lanes –
Sae dwam't an' blearie;
They've turned you, body, birse, an' brains,
A' tapsalteerie.

Gane are the days whan ilka ane,
Wi' three-girr'd cog an' lang horn spune,
Their creepie-stool drew cheery roun'
The parritch pat,
Wi' gratefu' thanks to Him abune,
For fare like that.

But noo, wi' thochts abune their class,
They mix the scourins o' the press –
A clarty, glaury, jaupin mess
Wi' sugar intil't;
Nae auld-time bairn – or man faur less –
Wad lift a spune til't.

Ye skeely cooks, hear Scotia's granes,
She asks for breid – don't gie her stanes;
Her saul a healthy body sains
Mair nor the carritch;
To rear baith guid an' bonnie weans
Leave us her parritch.

W. R. DARLING

Gey Likely – 1707

(A fragment)

Sic a stramash
Sic a dirdum an' steer
Rase in peer Scotlan'
That terrible year.

The country was conach'd,
A'thing gaed vrang –
That was the eyn
O' wir 'auld sang'.

On ferm an' craft the fowk gaed daft,
The peats grew clorty, weet an' saft,
The aits wi' smuts they a' grew black,
The de'il a stack there was tae thack,
The barley wadna yield its bree
(A sair affair for you an' me).
The feint a hen wad lay its eggs,
An' ilka shilt got cleekit legs.
Tatties a' were coorse an' scabbit,
Ne'er a snare wad haud a rabbit;
Kye gaed dry as shilpit stirks,
Mice took refuge i' the kirks.

Sheep wi' scrapie tint their 'oo',
Fusky wadna fill ye fou.
The neeps were fozy, cankert, wizen't,
The wallies failed, the bowies gizen't,
The sicht o' grozerts fleggit cocks,
The han's fell aff the echt-day knocks.
Great rottens ran aboot the fleers
An' golochs crawled on a' the cheers.
The girss nae mair the dew wad kep,
An' bees forhooie't ilka skep.
The fulpie wadna chase his tail,
The halflin wadna sup his kail.
The byllie wadna kiss the deem,
For he'rts were caul' an' girnals teem.

Sic ferlies as had ne'er been seen
Gar't moudieworts tae blink their een,
But half the tribbles that befell
'Twad fairly gar me grue tae tell.

The country was conach'd,
A'thing gaed vrang –
That was the eyn
O' wir 'auld sang'.

J. M. CAIE

The Echt-Day Clock

We've flitted, lad, we've flitted,
We've left the auld close mou';
We're tryin' to be gentry,
Wi' oor gilt an' ormolu.
The hoose is fu' o' bravities,
An' a' new-fangled trock,
But I'd swap them a' the morn
For my guid auld echt-day clock.

I mind on't in the hoose at hame —
My granny's but-an'-ben —
Her owre-croon mutch aside it sat,
Her specs an' sneeshan pen;
An' throu' the wee gell winnock aye
Fu' bonnie mornin' broke,
As I binnered back the bed door
To see what 'twas o'clock.

The aumry wi' the cheena cups
A' spreckled red an' blue,
The soord that Uncle Willie took
Bleed-red fae Waterloo.
Were gran' eneuch: the kist o' drawers
Was nae a thing to mock;
But ane an' a', they bouket sma'
Aside the echt-day clock.

Its canny jow gied throu' the hoose
Like some laigh-chanted spell.
It cried, 'Ye jaud, ye fuged the school,'
It speired, 'Fa bosied Bell?'
It grat abeen the coffin-lid,
It timed the cradle's rock,
An' the lilts that rang in Eden
Cam' fae the echt-day clock.

I'm missin't, losh, I'm missin't;
The shielin's gane langsyne;
The braes where ance I wandered
Nae mair ken tread o' mine.
A far-aff win' blaws owre them,
I'm my lane 'mong fremmit folk,
Since my hinmost frien' has left me,
My guid auld echt-day clock.

Mary Symon

Smeddum

We're a' ae oo

A dainty dame is Granny Scott,
And canny in her ways,
Aye thinkin' twice for aince she speaks
And watchin' what she says;
Or ere she buys her tartan plaid
She scans it through and through,
And lookin' ower her specs anon,
'Is't a' ae oo?' she speirs, 'Is't a' ae oo?'

A canny mither, canny bairns
I trow we're a' the same,
We dinna gee oor caps aboot
For mony puir's ye'll name.
Bauld Knox he feared nae face o' man,
Nor wad he beck or boo
E'en to the Queen hersel', ye'll min',
We're a' ae oo, we're a' ae oo.

A ready sense o' richt or wrang
Aye keeps oor causey clear,
We lo'e the truth, we hate the deil
And priests that interfere.
What Jenny Geddes did ayore
We've thousands yet wad do,
For Jenny's but a sample swatch,
We're a' ae oo, we're a' ae oo.

Oor heroes famed in flood and field
Had but a greater share
What we a' hae gowpens o' –
The grit to do or dare.
We focht and won at Bannockburn,
The same at Waterloo,
And what we've done we'd do again,
We're a' ae oo, we're a' ae oo.

Then dinna dad the thistle tap,
Or ye may jag yer thoom,
But gently raise a friendly hand
An' fill't wi' downy bloom.
We lo'e oor friends, we skelp oor foes,
But fleck nor mak' ado,
We're either in or oot wi' folk,
We're a' ae oo, we're a' ae oo.

ANON

Caul' Comfort

O, could I live my life again,
Aft tae mysel' I say,
Blin' Chance could never use me ill,
Wi' dear-bocht lear I'd hae the skill
Tae bend and shape things tae my will,
Aft tae mysel' I say.

Gin ye could live yer life again,
Says Commonsense tae me,
Yer dear-bocht lear micht tak' ye faur,
Yer lot would be a hantle waur,
Hae wit, be thankfu' as ye are,
Says Commonsense tae me.

JAMES MILNE

Wha daur Meddle wi' Me?

Ma castle is aye ma ain,
An' herried it never shall be,
For I maun fa' ere it's taen,
An' wha daur meddle wi' me?
Wi' ma kit i' the rib o' ma naig,
Ma sword hingin' doon by ma knee,
For man I am never afraid,
An' wha daur meddle wi' me?
Wha daur meddle wi' me?
Wha daur meddle wi' me?
Oh, ma name it's wee Jock Elliot,
An' wha daur meddle wi' me?

Fierce Bothwell I vanquished clean,
Gar'd troopers an' fitmen flee;
By my faith I dumfoondert the Queen,
An' wha daur meddle wi' me?
Alang by the dead water stank,
Jock Fenwick I met on the lea,
But his saddle was toom in a clank,
An' wha daur meddle wi' me?
Wha daur meddle wi' me?
Wha daur meddle wi' me?
Oh, ma name it's wee Jock Elliot,
An' wha daur meddle wi' me?

Whar Keelder meets wi' the Tyne,
Masel an' ma kinsmen three,
We tackled the Percies nine –
They'll never mair meddle wi' me.
Sir Harry wi' nimble brand,
He pricket ma cap ajee,
But I cloured his heid on the strand,
An' wha daur meddle wi' me?
Wha daur meddle wi' me?
Wha daur meddle wi' me?
Oh, ma name it's wee Jock Elliot,
An' wha daur meddle wi' me?

The Cumberland reivers ken
The straik ma airm can gie,
An' warily pass the glen,
For wha daur meddle wi' me?
I chased the loons doon to Carlisle,
Jook't the raip on the Hair-i-bee,
Ma naig nickert an' cockit his tail,
But wha daur meddle wi' me?
Wha daur meddle wi' me?
Wha daur meddle wi' me?
Oh, ma name it's wee Jock Elliot,
An' wha daur meddle wi' me?

Ma kinsmen are true, an' brawlie,
At glint o' an enemie,
Round Park's auld Turrets they rally,
An' wha daur meddle wi' me?
Then heigh for the tug an' the tussle,
Tho' the cost should be Jethart tree;
Let the Queen an' her troopers gae whustle
An' wha daur meddle wi' me?
Wha daur meddle wi' me?
Wha daur meddle wi' me?
Oh, ma name it's wee Jock Elliot,
An' wha daur meddle wi' me?

ANON

A Hen's a Hen for a' That

Is there wha at his mornin' meal
Eats ham an' egg an' a' that,
An' yet wha winna say an' feel
A hen's a hen for a' that?
For a' that an' a' that,
Its intaed strut an' a' that,
Its kecklin' neb an' skelly e'e,
A hen's a hen for a' that.

What though it scarts amang the strae,
Eats tattie-skins an' a' that,
An' canna sing as sang-birds dae,
A hen's a hen for a' that.
For a' that an' a' that,
Their flicht an' sang an' a' that,
The common hen, though e'er sae plain,
Is Queen o' birds for a' that.

Ye see yon quackin', spune-faced bird,
Wi' wabbit feet an' a' that,
That waddles gravely through the yird?
It's but a deuk for a' that.
For a' that an' a' that,
It's gracefu' neck an' a' that,
Though it can soom whaur hens wad droon,
A hen's a hen for a' that.

The cock at sicht o' mornin' licht
May hail the dawn an' a' that,
But tae lay an egg's abune his micht,
Gude faith, he canna craw that.
For a' that an' a' that,
His kame an' spurs an' a' that,
Though at us oot his neck he shoot,
He'll get it thrawed for a' that.

Then let us pray the price we pay
For eggs may fa' an' a' that:
That hens may multiply an' lay
Tae earn oor praise an' a' that.
For a' that an' a' that,
Its want o' wit an' a' that,
We'll owre the earth proclaim its worth,
An' keep a hen for a' that.

ANON

Jock Tamson's Bairns

I

Losh, Jock, man, sic a fem'ly, sic an awfu' swarm o' geets!
My fegs, it's ill tae think they're brithers a',
For some are braw an' busket, some hae hardly claes nor beets,
An' some are big an' creeshy, some are shargars, peer an' sma'.

Awat they're mixty-maxty like, jist a' kin kine o' fowk,
Some bonny an' some ithers gey ill-faured:
The marquis an' the minister, the dominie, the gowk,
The fermer an' the soutar an' the piper an' the kyaard.

Though some are rale gweed bairnies, ithers thrawn, ill-tricket
    loons,
I'm temp'it files tae winner gin ye care;
The coorse anes aft win ow'r ye an' the ithers get yer froons –
I dinna like tae speer, – but div ye freely think it's fair?

Syne look at a' yer nations, man; a bonny snorl they're in!
I'm thinkin' that ye'd best come aff yer deece
An' try tae redd the raivel up an' quaiten their din,
Tae rugg their heids an' skilp their lugs an' gar them be at
    peace.

II

Is that yer fem'ly tee that's bidin' doon the tither road,
Far things is even waur, I sairly doot?
There's the lintie an' the hoodie-craw, the corbie an' the tod,
The futtrit an' the moudie-wort, the puddock an' the troot,
An' a' the thoosan' craturies that live an' dee throu' ither.
Weel, some fowk say that life's nae worth a groat,
But, dod, it's queer the handiest wye a beast can ser' his brither
Is jist tae skraich wi' fear an' pain an' wammle doon his throat.

III

They tell me that there's wardles in a particle o' yird
An' a constellation's jist a pinch o' sneeshin,
That some day a' the million suns'll get an unco dird
An' syne the haill hypothec'll gyang fair tae crockaneeshin.

But, Jock, I sudna blame ye, for it's maybe a' their wyte
Fan body, beast or wardle gets a yark —
It blecks a chiel tae think on't, man; tae haud him on gyaun gyte
He's better nae tae fash his thoomb, but hing in til his wark.

J. M. CAIE

It's Wonderfu'!

When days are dreich and nichts are lang,
When things are throughither and thrang,
When folk we work and bide amang
Seem no' tae heed nor hear us;
It's wonderfu' how a bit sang
Will oft uplift and cheer us.

When we ha'e trauchled mony a mile,
And found the journey scarce worth while,
When fortune does her best to rile
And disappoint and try us;
It's wonderfu' how a bit smile
Can gar dark clouds roll by us.

When life has proved sae sad and sair,
It seems we canna battle mair,
When losses cruel our hert-strings tear,
And our beloved leave us;
It's wonderfu' how a bit prayer
Can ease the ills that grieve us.

And when we've warstled ower the brae
And come to tread the downward way
That they maun tak' wha've had their day,
While younger herts gae roamin';
It's wonderfu' what Faith can dae
To cheer us at life's gloamin'.

CHARLES NESS

The Slippy Stane

Ca' canny through this weary world
And pick yer steps wi' care,
And never dae yer neighbours wrang
But aye dae what is fair.
Men fa' and never rise again
Wha never fell afore.
There's aye a muckle slippy stane
At ilka body's door.

An gin yer neighbour chance to fa'
Ye mauna let him lie,
But gie a hand tae help him up
As ye are passing by.
The case may be yer ane some day
Though guides ye hae in store.
There's aye a muckle slippy stane
At ilka body's door.

There's slippy stanes where e'er ye gang
By cottage, hut and ha'.
And ye maun pick your steps wi' care
Or ower them ye may fa'.
For emperors and kings hae fa'en
Forbye there's mony a score.
There's aye a muckle slippy stane
At ilka body's door.

Ca' cannily and watch yer step
And dinna cease tae pray
That He wha guides the sun and stars
Will help ye on yer way.
Step by step He'll lead ye safe
And from His boundless store
He'll help ye o'er each slippy stane
Right up to Heaven's door.

ANON

Cast the Coat an' Till't Again

Something ayon the ken o' man,
Fate, luck, or chance, what'er ye will,
Whiles deals the cards an' plays a han'
That aftener brak's than mak's ye; still
Although misfortune's sair tae bide,
The lesson learn't may aye be gain,
Tak' the blame an' pooch yer pride,
Cast the coat an' till't again.

A broken thing ye'll never men'
By sittin' doon an' lookin' at it;
An' Fortune comes but seldom ben
Until ye lift the sneck tae lat it.
The better pairt's nae aye what pleases,
Pleasure's aften pey'd wi' pain;
Wark's the cure for maist diseases,
Cast the coat an' till't again.

As lang's he has the will tae daur,
A man's nae by his potestater;
There's never ill but micht be waur,
An antrin dunt's a little metter;
Honest labour has nae marrow,
Body, he'rt an' soul tae sain,
Fie, man! lay-na doon the barrow,
Cast the coat an' till't again.

Up! for Time the thief is flyin',
Up an' at it, dinna shirk,
Soon eneuch ye will be lyin'
Quait an' still aside the kirk.
Happy you if, when they lay ye
Faur yer forebears lang hae lain,
M'urnin' frien' tae frien' can say ye
Ceest the coat an' till't again.

James Milne

I Never Saw it Better

There's something sair camstrairy in the turn things tak'.
It's never but on Sawbath that the spunks rin dune;
'Twas aye when I was taiglet that my shae-lace brak;
The coalman never draps his price till our cairt's in.
I couldna cowp my cup but on a split new gown;
I never saw it better – it's the way a' roun!

My oven never fails me but when in steps Sal –
I ken what she is thinkin' though she aye keeps mim;
Miss Clipper never ca's but when my room's reel-rall,
And never bides for tea but when the bread-crock's toom.
Our invitations come in threes – sae that baurs twa;
I never saw it better – it's the wey owre a'!

When Peter's busy balancin' it's keen, clear frost:
When he looks out his curlin' stanes, the thow blaws grey;
If I put aff my washin' it's a gran' win' lost;
But if we plan an outin' it's a dreep a' day.
The week before and afterhin' the sky bides blue –
I never saw it better – it's the wey a' through!

It maun be when my curtains hae been new washed white,
The sweep mistak's and plumps his sooper down oor lum;
There's naething seems to rule the worl' but just fair spite;
It's when we're pack't for Ro'sey and the cab maist come,
Wee Jean maun tak' her measles – and it's aff we canna get her;
That simmer, ye may guess, was fine – I never saw it better!

WALTER WINGATE

Clishmaclaver

The Besom Haunle

In days langsyne afore the flood,
When besoms had nae haunles,
And folk were never fashed wi' gas
But worked awa' wi' canles,
There dwelt in aul' St Andrews toun
In thae days but a clachan
An unco skeely halflin loon
Whas name was Jock MacMachen.

He wis for ever dae'in jobs
Tae help his aged mither
Wha wis sair trachled in the hoose
Daein' a'thing a'thegither.
She polished up the chairs an' things
Wi' rags an' bits o' flannel,
But in thae days, ye understan',
A besom had nae haunle.
She keepit a'thing trig an' neat
She wis for ever soopin',
But ay complainin' o' her back
Because she wis aye stoopin'.

Ae day his mither says tae Jock,
'Jock, will ye soop the flair,
Till I set yer faither's tea,
Ye'll find the besom there?'
Now Jock he wis a lad o' sense,
An' he had plenty gumption,
He once had heard a doctor say
That stoor gaed folk consumption.
But he wis an obleegin' lad,
As I hae said afore,
An' so he took the besom up
An' started on the floor.

The stoor it got intae his e'en
It got intae his mooth,
An in a very little time,
Ga'ed him a ragin' drouth.
It made him cough
It made him sneeze
It got intae his thrapple
Gied him an awfy burnin' pain
Below his Adam's apple.
'Noo, Jock,' thinks he, 'this winna dae.
O' that I'm unco sure,
I wonder if a gless o' beer
Wad wash away that stoor?'

So doon he stepped tae the auld Bell Rock
Withoot the least compunction
An' says, 'Here, gie me something quick
for galloping consumption.'
An' after he'd a gless o' beer
An' ither drinks an a'
His wondrous brain began tae clear
An' visions then he saw.
He made a breenge across the room
And says tae Sandy Chisholm,
'D'ye think it's possible to pit
A haunle on a besom?'

Auld Sandy laughed. 'I've traivelled far,
An' I've seen a thing or twa',
But a haunle on a besom's what
Nae man ever saw.'
Then up an' spak a joiner chap
Whas name wis Bob McWhannel,
'An' hoo the deevil could ye hae
A beesom wi' a haunle?'
'Noo, look, see here, Bob, wait a wee,
I want tae ask ye whether . . . '
'Awa', says Bob, 'awa' an dinna haver.'

An' a'body they looked at Jock
Wi' pity an' wi' pain,
Tae think that sic a wice-like lad
Had saftenin' o' the brain.
But Jock he wisna' tae be bate
He swore he'd do the trick
He went an' got a besom head
An' tied it to a stick.
An' when his mither saw the job,
She sobbed an' wept wi' joy,
She flung her airms aroon his neck,
An' cried, 'Ma noble boy!
Whit ye hae done for me this day
Nae son could e'er excel.
An' thou has earnt a rich reward,
Here's tuppence tae yersel'.'

She ran aroon frae door tae door
An' chapped on ilka panel,
An' roared as loud as she could roar,
'Jock's made a besom haunle.'
An' folk they cam' frae miles aroond,
Tae see this wondrous sicht,
An' auld wife soopin' oot a flair
Yet staunin' quite upricht.
There's been great inventors since
But nane could haud a canle,
Tae that great brain that first conceived
An' made a besom haunle.

T. EVANS JOHNSTONE

The Sermon on Daniel

The minister sat in his study at e'en,
An' steered up his thochts wi' a clerical mien;
He was sairly disjaskit an' sadly perplexed
To wile for the Sabbath a suitable text!
Ower Pentateuch problems he waggit his heid,
An' fast frae the Romans he heestit wi' speed,
Syne turnin' an auld theological manual,
He plumped ower the lugs in the precepts o' Daniel.

Argumentative lions were thrashin' their tails,
An' het exhortations were hurtlin' like flails!
The buiks in their cases, they shook wi' the din,
As he ruggit the prophecies ootside an' in:
Three callers laid siege to the manse, a' thegither, –
A weddin', a christenin' – ae thing an' anither:
Says the minister's wife, ' Mair folk I maun han'le,
To lat ye get peace wi' the sermon on Daniel.'

North, south, east an' west, was that sermon esteemed,
Deputations that harkened, grew canty an' beamed:
Folk said that its phrases were rich an' sublime,
An' it aye lat them hame for their tatties in time:
I' the plate there was few o' that broon copper carl,
When that movin' discoorse cam furth frae the barrel;
Jist ane or twa kent that the minister's spaniel
Had chowed up three leaves o' the sermon on Daniel.

BARBARA ROSS M'INTOSH

John and Tibbie's Dispute

John Davidson and Tibbie his wife
Sat toastin their taes ae nicht,
When something started on the flair
And blinkit by their sicht.

'Guidwife,' quo' John, 'did ye see that moose?
Whar sorra is the cat!'
'A moose?' – 'Ay, a moose.' – 'Na, na, guidman,
It wasna a moose, 'twas a rat.'

'G'wae, guidwife, to think ye've been
Sae lang aboot the hoose
An' no to ken a moose frae a rat!
Yon wasna a rat! 'twas a moose.'

'I've seen mair mice than you, guidman,
An' what think ye o' that?
Sae haud your tongue and say nae mair –
I tell ye, it was a rat.'

'Me haud my tongue for you, guidwife!
I'll be maister o' this hoose;
I saw't as plain as een could see't,
An' I tell ye, it was a moose!'

'If ye're the maister o' the hoose,
It's I'm the mistress o't;
An' I ken best what's in the hoose –
So I tell ye, it was a rat.'

'Weel, weel, guidwife, gae mak the brose,
An' ca' it what ye please.'
So up she rose and made the brose,
While John sat toastin' his taes.

They suppit, and suppit, and suppit the brose,
And aye their lips played smack;
They suppit, and suppit, and suppit the brose,
Till their lugs began to crack.

'Sic fules we were to fa' oot, guidwife,
Aboot a moose.' – 'A what!
It's a lee ye tell, an' I say again
'Twasna a mouse, 'twas a rat!'

'Wad ye ca' me a leear to my very face?
My faith, but ye craw croose!
I tell ye, Tib, I never will bear't –
'Twas a moose!' – ''Twas a rat!' – ''Twas a moose!'

Wi' her spoon she strak him ower the pow –
'Ye dour auld doit, tak that –
Gae to your bed, ye canker'd sumph –
'Twas a rat!' – ''Twas a moose!' – ''Twas a rat!'

She sent the brose caup at his heels,
As he hirpled ben the hoose;
Yet he shoved oot his head as he steekit the door,
And cried, ''Twas a moose! 'twas a moose!'

But when the carle was fast asleep,
She paid him back for that,
And roared into his sleepin' lug –
''Twas a rat! 'twas a rat! 'twas a rat!'

The deil be wi' me if I think
It was a beast ava:
Neist mornin' as she soopit the flair,
She faund wee Johnnie's ba'!

ROBERT LEIGHTON

The Spaewife and the Sweep

The auldest couple on the stair
Were Erchibald an' Meg McNair;
Gey civil an' sae douce as weel,
They made the close seem quite genteel,
Meg was the sort that dinna fash
To mell in only stair-heid clash.
She never raised a tirravee
Aboot sic things as wash-hoose key.
Nor argy-bargied, dour an' sair
Wha's turn it was to wash the stair.
Her baikie never dribbled dross;
She wis a credit till the close
An' Erchibald was just the same
He had nae fau'ts that folk could name.
The neebors yin an' a' agreed
That they would miss them when they de'ed.

Nae man alive can see the meanin'
O' woman's daft-like ploy, spring-cleanin';
An' Erchibald ae day looked glum
When Meg said, 'We maun sweep the lum.
The kitchen lum has no' been soopit
For three lang years.' His spirits droopit
To zero, when she said wi' meanin' –
'Then I'll get on wi' ma spring-cleanin'.'
He gied a sigh but answered naething.
Man kens he is but woman's plaything.

She lo'es him, but she deals him knocks;
Inexplicable paradox!
An' thus it seemed when Meg did warn
'The chimney sweep will come the morn.'
The wife next door, jist through the wa',
That efternune gied Meg a ca'.
She was a weedow, Mrs Brodie
A clish-ma-claverin' sort of body;

She had repute o' fortune-tellin' –
Her heid was aye wi' nonsense swellin' –

An' sittin' ower their cup o' tea
She glowered at Meg wi' curious e'e.
'Noo, Meg, I'd like to read your cup;
Sae sweel it roun', an' drink it up.'
Meg had sma' time for sic-like havers;
She thocht that readin' cups was clavers;
But to be pleasant-like an' dacent,
She gied her cup ower, quite complacent.

Said Mrs Brodie in a wee –
'A big dark stranger here I see.'
Meg said, wi' jist a hint o' scorn –
'Aye, I expec' the sweep the morn.'
But Mrs Brodie answered pat –
'Yer cup has telt me mair than that,
For this dark stranger come atween
You an' a auld gey near-haun freen.
An' sic a collieshangie's raised!
The outlook's black, I'm fair bambazed.'
Meg lauched at a' this in her sleeve
An' Mrs Brodie took her leave.

Philosophers, indulge your smiles
But queer-like cantrips happen whiles;
An' things uncanny may befa',
An' Fate plays pliskies on us a'.
Neist mornin' when the sweep arrived
Unchancily the fule contrived
Doon the wrang lum his brush to put
An' smoored the Brodie hoose wi' soot.
Jist as the weedow pains was takin'
To nicely fry her lodger's bacon.
Meg felt that she was not to blame
But Mrs Brodie, to her shame,
Lowsed her lang tongue, cam' ragin' ben;
An' efter let the hale close ken.
Noo Erchibald an' Meg McNair
Hae casten oot wi' a' the stair.

ANON

John Macpherson's Sunday Suit

Back in 1931 was when it saw the licht o day;
Woollen worsted the material; the colour, parson grey.
Baith the jaicket an the troosers were traditional design,
Wi a second pair o breeks, for when the first began tae shine.
Button up the bonny waistcoat an there wasnae ony doot
That the tyler had excelled wi John Macpherson's Sunday suit.

It saw service every Sabbath in the kirk at Couthieneuk;
An the pooch wad haud a muckle poke o peppermints tae
  sook.
It assisted at communion, passin roond the wine an breid;
It attended Session meetins that gied John a richt sair heid;
But for aa their argy-bargy, whit was never in dispute
Was how very, very smart was John Macpherson's Sunday suit.

It had celebrated waddins wi a floo'r in the lapel;
It had followed aifter coffins tae the tollin o the bell.
No a crony had depairted but Macpherson had been there,
Wi his shooder at the box; or, cord in haun beside the lair.
Gey near aa his generation had been hymned an kisted oot
In the shadow o the kirk an John Macpherson's Sunday suit.

Fifty years of fashion cheynges had been vigorously focht;
An the suit was much the same as on the day that it was bocht.
Wi a patch on ilka elba, it had looked as guid as new,
Since they'd taen the trooser turn-ups aff in 1962;
An, apairt frae wider waistbands, when he got that bittie stoot,
Alterations had been few tae John Macpherson's Sunday suit.

Though the mendin o the suit was done by John's adorin wife,
She'd been ettlin tae get rid o it for hauf her mairriet life.
But this yin an only maitter on which neither could agree,
The new cleanin wumman settled in the twinklin o an ee.
When she telt them she'd made dusters oot o some auld bit o
  cloot,
She was haudin whit was left o John Macpherson's Sunday
  suit.

It wad be an understatement tae describe it as a knock;
For the loss he had sustained brocht on a michty state of shock.
The decease o a contempo'ry wad aye distress him sair;
But the passin o his suit like that was mair nor John could bear.
Neebours walkin by the windae heard him bubblin like a spoot
At the thocht o bein pairtit frae that bonnie Sunday suit.

Douglas Kynoch

The Singin' Tattie-Bogle

Alane upon the field she stood,
The tattie-bogle, tall an' prood.
But certie, she wis smairt an' braw,
A bonnie lass, tho' made o' straw.

Her gowden hair wis made o' oo.
Her dentie goon when it wis new
Langsyne, hid been the guidwife's best.
Sae trigly wis the bogle drest!

The beasts they cam' frae a' the airts.
(The tod ran tours frae furrin' pairts.)
They cam' by day, they cam' by nicht,
Tae see a maist byordnar' sicht.

An' craws an' sparras by the score,
A wale o' burds, mair nor afore.
The fermer roared an' raged aboot.
'A'll cast yon tattie-bogle oot!'

Pair tattie-bogle, she wis wae.
'Eh!' said the houlet, 'Whit's a dae?'
He flew doon frae the elder tree.
'Noo, dry yer e'en an' herk tae me.

'See, lassie, tak ma guid advice.
There is nae yiss ye bein' nice.
Can ye nae glower an' skreich an' a'
Tae sen' thae cooardie burds awa'?'

The bogle grat nae mair: instead,
'A'm much obleeged tae ye,' she said.
'Ma voice is lood – jist like the craik!'
'Then sing,' he said, 'for ony sake!'

It chilled the verra bluid tae hear
The bogle's sang: frae far an' near
The burds rose up, a' frichtit sair
An' nivver cam back ony mair.

Sae should ye pass at skreich o' day
Alang the road frae Auchenblae,
An' hear a strange uncanny soun,
That scares the burds for miles aroon,

A soon like pincils on a sclate,
Be on yer way an' dinna wait.
Ye can be shair as onything
Ye've heard the tattie-bogle sing.

ANON

Mrs Purdie's Aipple Tart

The bakin' at oor village show's the best ye've ivver seen.
Fowk come frae far an' near, frae ilka airt.
But listen till I tell ye a' aboot ma guid aul' freen,
An' the tale o' Mrs Purdie's aipple tert.

Pair Mrs Purdie took it as an unco fashious slight
That her pastry nivver seemed tae mak' the grade.
For the judges didna even cut a slice tae hae a bite
O' the aipple tert that Mrs Purdie made.

It wis in an' oot the freezer wis Mrs Purdie's pie,
Sma' wunner that ma freen wis losin' hert.
It nivver won a mention an' the judges passed it by.
Whit could be wrang wi' Mrs Purdie's tert?

'I doot,' said Mrs Thomson, ' that the judges must hae kent
Her d'oyley' (upon which the tert wis laid).
For in ivvery flooer show roon aboot, the plate wis evident
Wi' the aipple tert that Mrs Purdie made.

Last spring the frost had nipped the blossom: aipples there
    were nane.
Dame Nature cam' tae Mrs Purdie's aid.
For naebody had ony fruit, an' so it stood alane,
The aipple tert that Mrs Purdie made.

Her aipple tert wis nae the best, nor wis it yet the worst.
But by itssel' an' in a class apairt.
Sae the judges had nae option an' they had tae pit it first
And gie the prize tae Mrs Purdie's tert.

She wis a happy wumman: she wis quite puffed up wi'
    pride.
Ower the triumph that pit ithers in the shade.
She'd be mentioned in the paper, tellin' fowk the coonty
    wide
O' the aipple tert that Mrs Purdie made.

The show wis ower: she picked it up and went tae tak' it
  hame.
'We'll hae this tae oor Sunday tea,' she said.
An' she proodly gethered up the winnin' ticket wi' her name
Aside the tert that Mrs Purdie made.

Bit then, pride aften gangs afore a fa', o' that I'm shair.
She drapt the plate, an' crash! Awa' it gaed.
It lay in near a hunner wee bit pieces on the flair,
The aipple tert that Mrs Purdie made.

ANON

Glossary

NE = North-East usage

ablach insignificant person
adee ado (NE)
ae one
affa awful
aiblins perhaps
airn iron
airt direction
airt v to direct, turn away
aits oats
ajee astray, awry
antern, antrin occasional
argy-bargy dispute
arles advancement of wages that binds a servant to his master
athort across
atweel indeed
aumry cupboard

baikie container for coal
baillie loon lad who helped the cowman
ballats, ballants ballads
bambazed bamboozled
barkit tanned, encrusted with dirt
bate beat
baur bar
bawd hare
beck to do obeisance
beet to had to
beets boots

benmaist furthest in
ben the hoose in another room, further in
bent sandy hillock covered in coarse grass
besom brush; also term of contempt for a woman
bicht a winding path
bien comfortable
big; biggit to build; built
billies fellows
bine tub
binnered moved noisily
birk birch tree
birl to spin, whirl; sometimes to whistle
birn burden
birse bristles, hair; also temper
birselt toasted
blab drop of moisture
blate shy
bleck to puzzle
bled leaf
bledder bladder
blithe cheerful
boo to bow
bool, boollie a marble
bouket sma' were small in comparison
bowie wooden vessel for milk
brand burning peat,

cinder
bravities finery, things for display
braw fine
bree malt liquor from barley
breenge to rush in
briest straps breast straps, part of horse's harness
brewsts brewings of ale
bubbly-jock turkey
bught to fold or pen sheep
busket, buskit finely dressed
but an' ben two-roomed house
byke bees' or wasps' nest
by ordnar unusual

cadger travelling hawker
caffhouse door door of the chaff house, part of the winnowing machine
callan youth
caller fresh
camstrairy perverse
cannas canvas
cantrips magic events
canty cheerful, pleasant
capuchin cloak and hood combined

carle old man, fellow
carritch Catechism
cars tramcars
casten oot fallen out
cauff chaff
caup wooden cup or bowl
cauper woodturner
chap knock
claik gossip
cleekit shalt pony suffering from string-halt
clorty dirty
clud cloud
collieshangie row, squabble
conached spoiled
contermashious perverse
couthie pleasant, comfortable
cowp to spill
crack to gossip
creel basket for fish
creeshy greasy
cried to have banns called in church
crockaneeshin destruction
croodlin' crooning
croose cheerful
cuttie a short tobacco pipe

dad to strike
darg day's work
dauner to stroll
dear bocht lear dearly bought learning
deece dais
deem kitchen maid
dentie comely, pleasant in appearance
deuk duck
dicht to wipe

dirdum tumult
disjaskit downcast
doit foolish person
dook to bathe
dooking for apples a game (played esp. at Hallowe'en) in which apples are put into a tub of water; players try to catch the apples in their mouths without using their hands
dool sorrow
dorty sulky
douce sober, respectable
dour stern
dowie sad
dreich dull
dross small pieces of coal
droukit soaked
drouthy thirsty
drouthy swabs thirsty rogues
dumfounert dumfounded, amazed
dunt disappointment

elbuck elbow
ell-wan yard-stick
elshin shoemaker's awl
Embro Edinburgh
ettled meant
ettlin' attempting
eyn end

faes foes
fain eager, fond
fan when (NE)
fankled tangled
fash trouble
fash his thoomb trouble himself
fashious troublesome
fativer whatever (NE)

feed engaged as a servant
feint, the feint a the devil a . . . (strong negative)
ferlies strange things
file while (NE)
fit what (NE)
flair floor
fleg to scare
fleitch to wheedle
fleyed scared
fliskmahoy a giddy girl
flytin' scolding
forbye besides
forfochen exhausted
forhooie't forsook
fozy spongy, soft
fremmit strange
fremmit folk strangers
fuged ran away from, played truant
fulpie whelp
fummart polecat
fur furrow
fushionless feeble
fusky whisky
fut what (NE)
fyke to struggle, fuss with
fyle while (NE)
fyou few

gait way
gar me fyke trouble me
gar me grue make me shudder
gaun gyte going mad
gean wild cherry
gee to turn
geets young children
gell winnock window crack
genty elegant

gey pat very quickly or smartly
gird hoop; to put on a hoop
girn to complain
girnal granary
girse, girss grass
gizen't warped
glacket foolish
glassie a glass marble
glaur mud
glower to scowl
goloch earwig
gomeril fool
gowl to howl, yell
gowpens handfuls
granes groans
grice a young pig
griddle iron plate for baking (oatcakes, scones)
grozert gooseberry
gruppy greedy
gurr to rumble
gushet-neuk gusset, strip of cloth
Gweed God

hackit chapped, broken (of skin)
haddie haddock
halflin a young lad, half-grown (esp. a farm lad)
hantle a good deal
happit wrapped
havers nonsense
heestit made haste
heeze to raise, hoist
hender-en' very end
herk to listen to
herried harried, plundered
hicht height
hiddle to hide
hipperty-skipperty in a light-hearted,

skipping way
hirple to limp
hiz us
hizzy hussy
horny-golloch earwig
horseman's grippin' word a secret handshake and password the boy was taught when he became a horseman
host a cough
houlet owl
howe low-lying ground

ill-faured ill-favoured
ill-tricket mischievous
ingle-neuk chimney corner

jaloose to suspect
jaud virago
jaupin' splashing
jaw insult
Jethart Jedburgh
jile jail
jimp dainty
jingo-ring a singing game
jinkie a chasing game
jookit evaded
jow the sound of a bell

kail soup made with kail (a kind of cabbage)
kankert morose
kebbuck a whole cheese
keckle to cackle
keek to peep
kenna what don't know what
kep to gather
kirn churn

kist o' drawers chest of drawers
kit ankle
kittle to rouse
kittlie itching
knappin' knocking
knowe a little hill
kyaard tinker
kye cows

lade mill race
ladle collection plate
laft loft
laigh low
lair a family grave
lairack-beltin a narrow platform
lane; a' his lane alone; all by himself
lappets streamers
lapstane stone on which a shoemaker beats leather
lay lea
leaze me on an expression used to mean wanting something: i.e. give me...
leem loom
lichtly to slight
limmer rascal
lintie linnet
lippen tae to listen to
lirkit rumpled
loon lad, boy
loup to jump
louper flea
loupin' the cuddie leap frog
lowe glow
lown sheltered
lowse to let loose
lug ear
lum chimney
lunt to light, smoke a pipe

lythe pleasant

mash, mask to infuse (of tea)
mashin' tubs large tubs used in brewing
maut malt
mawkin hare
mense common sense
mim prim
minny mother (affectionate)
mixty-maxty jumbled
moudiewort mole
mutch a woman's cap

neb bird's beak
neep turnip
neist next
nicker to neigh
nickum a mischievous boy
Nicky tams straps used by farm worker to tie their trousers below the knees (often pieces of string were used)
nieve fist
nott needed

odds change
oo wool
oose fluff, dust
oot aboot out and about
orra loon man who does odd jobs on the farm
otter barb of a fish hook; illegal fishing implement
oxter armpit

pang to cram
peasweep lapwing

pech to breathe hard
peer poor
peerie a spinning top
peevers hopscotch
peez peas
pirn small spool or reel
plisky a trick
ploy piece of fun
plunker marble
plunk the schule to play truant
pompoon bunch of ribbons
pooch pocket
potestater prime of life
pouther to powder
pow head
preceese precise
pree to taste, enjoy
preen pin
pule pool

queel to cool
queyn girl (NE)
quirk trick; to trick

ramstam reckless
rank to bring out
ravelin' confusing
rax to stretch
ream bannocks oatcakes made with cream
reamin' stoups generous measures of ale
reel-rall very untidy
reemish a blow
reesed praised
reid red
reid-kamed red-combed
rigadoon a figure dance
roop, roup to plunder

Ro'sey Rothesay (a popular holiday resort)
rottens rats
rowe winding
rowed wrapped
rung heavy staff
runt root
rype to search through contents of pocket; to steal

sain to bless, save
sapples soap suds
sark shirt
scart to scratch
scaum scorch, mark of a burn
School Brod School Board
sere old, withered
shargar a weakling
shaw a grove
sheen shoes (NE)
sheugh ditch
shilpit puny, pinched-looking
shirra sheriff
shoogly shaky
shooin' sewing
shortsome amusing
shoud to swing
sing grey thrums to purr
skaithless unhurt
skeely skilful
skelly e'e a squint
skep beehive
skimmer flat ladle for skimming cream
skip to hit
skirl to shriek
skreich to screech
skweel school (NE)
slaes sloes
slee clever, skilful
slock to quench thirst

smeddum good sense
smoor to smother
sneck latch
sneeshin snuff
sneeshin-pen a small bone-spoon for taking snuff
snod tidy
snorl to snarl
soddit settled in
sook to suck
sooker a sweet to suck
soom to swim
sooper sweep's brush
souder to solder
soutar shoemaker
spaein' telling fortunes
speil to climb
speir to ask
speldered spread out
spleeter patch of spilt liquid, a blot
splore prank, escapade; also drinking bout
spune spoon
spunk mettle, spirit
spunks matches
spurkle wooden stirring spoon
stang the tongue of a Jew's harp
stank pool, pond
steek to shut
sterny starry
stockie, stookie foolish person
stoorie stirring
stoussie strong (of a child)
strae straw
straik blow
strake stretch, length
streen, the streen, yestreen yesterday evening
strippit ba's striped balls (sweets)
stroop spout of a kettle or teapot
strype small stream
stumpie short

tack a lease
taiglet harassed
tait a small amount
tapsalteerie muddled
tattie-bogle scarecrow
tautit matted
tether: if the tether's fu' if someone is already spoken for
theekit thatched
thirl to bind (under a legal obligation)
thrang busy
thraw to wring
thrawn stubborn
threep to insist
throughither disorganised, confused
thrums threads; **sing grey thrums** to purr
tid mood, favourable season
till't to it
timmer timber
tine to lose
tint lost
tirravee commotion
tocher dowry
tod fox
toom empty
tow rock flax distaff
trachled burdened
trauchle to struggle
tribble trouble
trig neat, tidy
trock odds and ends
troke to barter

trump Jew's harp
tummelt fell
tyauve to struggle; a struggle
tyke dog

wabbit webbed; also exhausted
wae sorrowful
wale to choose
wallies natural springs
walloch Highland dance
wamblin' wriggling
wardle world
waster wester
water-waggy wagtail
wauchts copious drinks
waukrife wakeful
weet wet
whaup curlew
whip-the-cat a tailor who travels from place to place
wicht person, creature
widder weather
wimplin' winding
win in arrive at
winner to wonder
wizen throat, gullet
wizent wizened
worsit worsted
wrocht worked
wyte fault
wyver spider

yalla yellow
yammer to complain
yark a heavy blow
yerl earl
yett gate
yird earth
yows fir cones

Index of Poems and First Lines